Pullein-Thompson

Andy, Mandy, Max & Co.
Auf der Pony-Farm tut sich was

Pullein-Thompson

Andy, Mandy, Max & Co.
Auf der Pony-Farm tut sich was

Aus dem Englischen von
Karin Sichel

Boje Verlag, Erlangen

Die Deutsche Bibliothek - CIP-Einheitsaufnahme

Pullein-Thompson, Christine:
Andy, Mandy, Max und Co. / Pullein-Thompson. Aus dem
Engl. von Karin Sichel. - Erlangen : Boje Verl.
Auf der Pony-Farm tut sich was. - 1. Aufl. - 1992
ISBN 3-414-85252-7

Erste Auflage 1992
Alle deutschsprachigen Rechte: Boje Verlag GmbH, Erlangen 1992
Titel der Originalausgabe: Ponies in the Forest
erschienen bei Arrow Books, London 1983
© Christine Pullein-Thompson
Übersetzung: Karin Sichel
Umschlag: Dieter Müller
Satz: Pestalozzi-Verlag, Erlangen
Druck und Bindung: Mohndruck, Gütersloh
Printed in Germany

ISBN 3-414-85252-7

Ein Junge und ein Hund

Lange schon sprach Paps davon, daß sie für ihr Tierzentrum eine Hilfe bräuchten. Mam hätte gern einen Rentner gehabt.
„Irgendjemand Ruhigen und Vernünftigen, der sich zu seiner Rente etwas dazuverdienen will, David", sagte sie. „Einen netten, älteren Mann, der was von Pferden versteht, die alten Hausmittel kennt und noch mit Pferden pflügen kann."
„Ich will aber jemanden für die schwere Arbeit", antwortete Paps. „Mit den leichten Arbeiten kommen die Kinder zurecht. Was wir brauchen, ist jemand, der gesund und kräftig ist."
„Wir könnten ihn in der viktorianischen Küche ausstellen", alberte Max. „Mit 'nem Kittel an und 'nem Grashalm im Mund oder Strohhalm oder so was..." Er verstummte, weil ihn Mam mißbilligend ansah.
„Ich werde unten im Pub fragen. Vielleicht kennen sie jemanden, der so eine Arbeit sucht", sagte Paps.
„Ich wollte doch nur einen Witz machen", verteidigte sich Max.
„Ich finde nicht, daß wir eine Hilfe brauchen. Das geht doch ganz gut so", sagte Andy ziemlich laut, weil sie jede Veränderung haßte.
„Er müßte jung und lustig sein, ein Zigeunerjunge mit dunklen Augen und Locken und einer Mutter, die Wahrsagerin ist", rief Mandy.

„Wie immer. Voller romantischer Ideen. Komm wieder auf die Erde runter, Mandy. Was wir brauchen, ist eine starke und zuverlässige Hilfe, aber leider können wir uns das nicht leisten, das ist das Problem, nicht wahr, David?" fragte Mam.
Und Andy dachte, daß sich alles immer nur um dasselbe drehte — um das blöde Geld! „Ich bin dafür, daß wir so weitermachen wie bisher", sagte sie. „Jemand anders würde nur die Atmosphäre stören."
„Als ob du in der Erde festgewachsen wärst", maulte Mandy. „Wenn es nach dir ginge, würde sich in tausend Jahren nichts ändern."
„Ich möche aus dem Gemüsegarten etwas machen. Wir könnten dann Gemüse und Beeren verkaufen und vielleicht auch Kräuter", sagte Paps entschieden. „Und das kann ich nicht alleine."
„Aber das wird nicht ausreichen, um für einen Angestellten das ganze Jahr über den Lohn und die Versicherung zu zahlen", erwiderte Mam. „Soviel ist da nicht drin, David."
Die Kinder gingen nach draußen zu den friedlich grasenden Ponys, deren Sommerfell glänzte. „Ich liebe dieses Fleckchen Erde hier. Ich liebe es so sehr, daß es weh tut", sagte Andy. „Und ich möchte, daß hier alles so bleibt. Angenommen, wir bekommen jemanden, den wir gräßlich finden und den wir dann nicht loswerden können. Das wäre doch furchtbar, oder?"
„Du machst dir schon vorher Sorgen. Du findest es einfach schön, dir Sorgen zu machen", antwortete Mandy

und kraulte Oscar unter seiner grauen Mähne. „Warum sollte er gräßlich sein?"
„Ich sag ja nur, angenommen..."
Zwei Abende später kam Paps gutgelaunt aus dem Pub zurück.
„Das Problem ist gelöst", rief er triumphierend und setzte sich in die Küche. „Es mußte ja einen Weg geben, es gibt immer einen, wenn man lange genug sucht. Man muß sich nur genauso verhalten, wie ein Hund mit einem Knochen — immer dran denken."
„Du liebes bißchen, David, wovon redest du eigentlich?" rief Mam. „Und warum bist du allein in den Pub gegangen?"
„Es geht darum, daß wir eine Aushilfe brauchen. Da gibt es einen Jungen im hiesigen Jugendgefängnis, der ganz genau zu uns paßt. Er wird bald auf Bewärung entlassen, und da könnte er hier wohnen. Sie sagen, daß er Erfahrung mit Pferden hat, und wir müssen ihm nicht soviel zahlen wie einem erwachsenen Mann."
Einen Augenblick lang herrschte Stille, weil alle die Neuigkeit erst einmal verdauen mußten. Dann fragte Mam: „Du meinst, hier wohnen? In diesem Haus?"
„Woher weißt du von ihm?" fragte Max gleichzeitig.
„Ein Angestellter vom Gefängnis war im Pub, und er hat gehört, wie ich darüber sprach. Und ja, der Junge soll in Ordnung sein. Ich hab gefragt. Ich habe auch betont, daß wir Kinder im Haus haben, und offenbar ist auch in dieser Beziehung nichts gegen ihn einzuwenden. Tatsächlich sollte er gar nicht eingesperrt sein, das ist jedenfalls der

Eindruck, den ich gewonnen habe." Paps klang sehr zufrieden. „Er hilft nicht nur uns, sondern wir können ihm auch helfen. Und ich möchte, daß er wie ein Familienmitglied behandelt wird. Ist das klar? Er soll seine Chance bekommen", fuhr Paps fort, als niemand sprach. „In Ordnung?"
„Ich hoffe. O Gott, ich hoffe es", antwortete Mam.
„Wenn es nicht funktioniert, können wir ihn immer noch zurückschicken", sagte Paps.
„Wenn es ihm nun nicht gefällt", dachte Andy. „Das ist bestimmt ein schreckliches Risiko, jemanden aus dem Gefängnis zu nehmen."
Max dachte dasselbe, während Mandy ihren Zigeunerjungen aufgab und einen blonden jungen Mann vor sich sah, der ihren Sattel trug und sagte: „Gib die Mistgabel her. Ich mache das Ausmisten für dich." Sie sah sich schon, wie sie mit ihm bei ihren Freundinnen angab und wie diese vor Neid erblaßten.
Die Kinder gingen hinaus zu den Ställen und trafen dort auf Emma. Emma wohnte in der Nähe, ihr eigenes Pony war auf der Farm der Familie Wells untergebracht. Sie war älter als die Wells-Kinder und viel gewandter, die Art Person, die immer ordentlich aussah, was immer sie anhatte, und sie neigte etwas dazu, den Ton anzugeben.
„Wir werden einen Jungen als Aushilfe anstellen", sagte Andy. „Er kommt aus dem Jugendgefängnis und ist auf Bewährung draußen", fügte sie mürrisch hinzu.
„Aus dem Gefängnis!" rief Emma. „Na ja, es wird höchste Zeit, daß ihr eine Hilfe bekommt. Ihr arbeitet euch alle

noch zu Tode. Ihr habt niemals frei, immer muß entweder zugemacht oder aufgemacht werden, oder die Dachse brauchen ihr Futter, oder Molly bekommt ein Fohlen, oder die Hühner sind draußen. Die meisten Leute machen Urlaub. Sie fahren an die See oder ein paar Tage nach London. Aber ihr fahrt nirgendwo hin."
„Es kommt mir gar nicht so vor", antwortete Andy langsam. „Für mich ist das hier der Himmel."
„Wir machen das gern, wirklich. Ich sitze gern vorne am Tor und beobachte, wie die Leute ankommen und wie sich meine Blechschachtel immer mehr mit Geld füllt. Ich will gar nicht an die See fahren, und Städte mag ich sowieso nicht", sagte Max.
„Ich würde nur gern zu Reitturnieren und richtige Reitstunden haben und Dressur lernen und das alles, wenn wir mehr Zeit hätten", fügte Andy hinzu.
„Ihr werdet niemals mehr Zeit haben. Je mehr Besucher kommen, desto mehr Arbeit habt ihr", erwiderte Emma. „Ihr braucht wirklich dringend Hilfe. Wie wollt ihr eigentlich später die Prüfungen in der Schule bestehen, wenn ihr den ganzen Tag und auch die halbe Nacht arbeitet?"
„Er ist bestimmt hübsch und unschuldig verurteilt", träumte Mandy vor sich hin.
„Ich möchte Pferde ausbilden", fuhr Andy fort, als hätte niemand etwas gesagt. „Ich will Pferde vor dem Abdecker retten, sie ausbilden und ein schönes Heim für sie finden. Ich möchte hier niemand anderen haben. Es soll sich hier nichts ändern."
„Ihr spinnt alle", sagte Emma aufgebracht. „Andys Bein

heilt gerade erst, weil sie ihr Pony in ein Kaninchenloch fallen ließ —, und sie redet davon, Pferde auszubilden. Und Max hockt gern jedes Wochenende vorne am Tor und läßt sich von der Sonne rösten, weil er von Busladungen Touristen Geld einsammelt. Die halbe Woche verbringt ihr damit, hinter den Besuchern herzuräumen, und die andere Hälfte bereitet ihr alles für die nächste Fuhre vor. Mein Vater sagt, daß euch kaum was bleibt, noch nicht einmal soviel, wie ein Landarbeiter in der Woche verdient. Und das für euch alle zusammen. Wenn ihr mich fragt, das ist geradezu rührend." Aber sie mußte auch darüber schmunzeln. „Ihr seid irgendwie nicht von dieser Welt. Mein Vater versteht das überhaupt nicht, er ist da ganz anderer Meinung, er arbeitet und denkt nur ans Geld. Aber trotzdem finde ich, daß ihr manchmal auch rauskommen solltet, wie ganz normale Menschen", sagte Emma lachend.

„Werden wir. Das werden wir schon, sobald hier alles organisiert ist. Das ist nur eine Frage der Zeit", erklärte Max.

„Wahrscheinlich hat eure neue Hilfe ein Moped", sagte Emma und holte eine Bürste aus der Sattelkammer, „und trägt eine Lederjacke mit Ketten überall und genagelte Stiefel. Bestimmt hat er gefärbte Haare und raucht. Ihr müßt ihm sagen, daß er in der Nähe der Ställe nicht rauchen darf. Und er wird ständig mit 'nem vollaufgedrehten Kofferradio rumrennen, daß wir die Vögel nicht mehr hören können."

„Und die Hitparade hören", hoffte Mandy.

„Ich habe Angst. Ich weiß nicht, warum, aber ich habe Angst", sagte Andy und humpelte mit ihrem Gipsbein über den Hof. „Mam und Paps sind so arglos, vor allem Paps."
„Vor allem Mam", korrigierte Max lachend.
„Wenn er doch bloß nicht auch noch hier wohnen sollte", fügte Andy hinzu.
„Genau", stimmte Max zu.
„Ihr habt was gegen ihn, bevor er überhaupt da ist. Ihr denkt nur an euch", schimpfte Mandy über die Schulter hinweg und ging zu den Eseln.
„Es ist ein Risiko, alles ist ein Risiko", sagte Emma. „Ich trainiere jetzt Caspar. Hol das Buch und spiel Ausbilderin, Andy." Also holte Andy ein zerfleddertes Buch aus der Sattelkammer. Es hieß „ABC des Reitens" und war, was Reiten anging, ihre Bibel. Sie suchten sich eine Schule aus, und Andy gab, auf eine Krücke gelehnt, die Anweisungen: „Vorbereitung zum Schritt! Schritt! Vorbereitung zum Trab! Trab!" und so weiter. Sie sah auf die Bilder und korrigierte Emmas Haltung und wünschte sich, daß sie auch wieder reiten könnte, anstatt noch mindestens eine weitere Woche mit einem Gipsbein herumzulaufen. Max spielte mit Rock und Roll, den jungen Dachsen. Bald müßten sie sie wieder freilassen, und er wußte, daß sie ihm fehlen würden und den Besuchern noch mehr. Aber sie hatten versprochen, sie wieder in die freie Wildbahn zu entlassen, wenn sie alt genug waren, also mußte es sein. Mandy striegelte die bescheidene, sanfte Molly und hoffte, daß der Junge hübsch sein würde. „Den

Charakter kann man ändern", dachte sie fälschlicherweise, „aber wenn er häßlich ist, bleibt er immer häßlich."
In der Küche sprach Brenda Wells immer noch davon, daß ein Rentner die beste Lösung wäre. „Jemand, der vertrauenswürdig ist", sagte sie. Aber wenn ihr Mann einmal einen Entschluß gefaßt hatte, konnte man nichts daran ändern, das wußten sie alle.
Sie seufzte resigniert. „Dann fahren wir also morgen nach Hunston Hall. Ich hoffe nur, daß alles gut geht."
„Keine Sorge", erwiderte David Wells äußerst selbstbewußt mit einem Lächeln auf seinem freundlichen Gesicht und einem Lachen in seinen grauen Augen. „Ich werde mit allem fertig."
Die Sonne ging langsam hinter den Bäumen unter, wieder war ein Tag zu Ende. Die Kinder brachten die Ponys heraus und die Enten in den Stall, und plötzlich war alles ruhig und still, wie es immer gewesen war. Aber als sie über die abendlich stillen Felder blickten, spürte Andy, daß sich alles plötzlich ändern könnte — die Ponys könnten eine Kolik bekommen, die Enten sterben und das Wetter könnte sich ändern. Paps könnte sich mit Mam streiten und wieder in den Nahen Osten gehen. „Nichts dauert ewig", dachte sie, und hängte Brommys Halfter auf. Als sie zum Haus zurückging und sich auf das Abendessen freute, dachte sie, daß an dem einfachen Pinienholztisch in der Küche bald eine fremde Person sitzen würde mit ein Gesicht, das alles verbergen konnte — Unehrlichkeit, Angst, Habgier — ein Gesicht, das sie vielleicht lieben oder auch hassen werden. Max dachte an

Schritte in der Mansarde über seinem Zimmer und an ein weiteres Paar Gummistiefel in der Küche. Er dachte daran, daß Mam ein weiteres Paar Jeans zu waschen hätte und auch mehr Geschirr abzuwaschen wäre. Aber dann stellte er sich den Garten voller Früchte vor und daß die Esel das Obst in dem kleinen lackierten Karren am Mittwoch auf den Markt brächten. Er sah sich auch das Obst an der Hintertür verkaufen. Bergeweise Erdbeeren und Himbeeren und Körbe voller Kirschen. Und er wußte nicht mehr, ob er nun die neue Hilfe haben wollte oder nicht.
„Bis dann", rief Emma und steckte ihren Kopf zur Hintertür hinein. „Wann kommt denn der neue Typ?"
„Bald", meinte Andy.
„Keine Sorge, das kriegen wir schon hin", sagte Emma. „Und mein Vater kann ihm ja immer noch das eine oder andere Wort sagen."
„Das macht doch keinen Unterschied, entweder mögen wir ihn oder nicht", erwiderte Andy. „Es ist sowieso nur vorübergehend, bis wir Bescheid wissen. Es ist nur, daß Mam und Paps es nicht fertigbringen werden, jemanden wieder wegzuschicken, sie sind viel zu weich. Sie hätten Sozialarbeiter werden sollen."
Sie fühlte, wie die Angst an ihr nagte, weil sie nicht wollte, daß sich irgend etwas ändert, jetzt nicht und niemals.
Am nächsten Tag gingen sie zur Schule, und als sie zurückkamen, waren die Eltern dabei, ein neues Gehege zu bauen, Paps mit Nägeln zwischen den Zähnen und Mam mit der Drahtschere.

„Das ist für die Pfauen", erklärte Paps und spuckte die Nägel aus, „nur für die ersten Tage."
„Was ist mit dem Jungen?" fragte Max. „Habt ihr ihn schon gefunden?"
„Ja, er ist ein netter Kerl", antwortete Mam. „Er wird dir gefallen, Mandy."
„Aber wie ist er denn nun wirklich?" wollte Andy wissen.
„Und warum war er im Jugendgefängnis?" fragte Max.
„Das können wir euch nicht sagen", sagte Paps.
„Wie er wirklich ist, wissen wir auch nicht. Es ist ein bißchen, als ob man ein Pferd aussucht. Er hatte nette Augen, sieht stark aus und lächelt oft", sagte Mam.
„Mit anderen Worten, er ist euch sympathisch", stellte Max fest.
„Ja, er war der Beste von allen, und er will kommen — er reißt sich geradezu darum", meinte Paps. „Der Heimleiter will auch, daß er zu uns kommt. Er meint, er muß da mal raus."
„Solange er uns nicht den Garaus macht", sagte Max.
„Oder den Tieren", fügte Andy hinzu.
„Was seid ihr für ein mißtrauischer Haufen", meinte Paps und hämmerte. „Offenbar kann er auch reiten."
„Reiten?" rief Mandy. „Warum habt ihr das nicht gleich gesagt?"
„Wie gut?" fragte Andy.
„Er wollte Springreiter werden, aber dann kam alles anders", erklärte Mam. „So, und jetzt gehen wir alle rein und trinken eine Tasse Tee. Ich glaube, die haben wir uns jetzt verdient."

„Was soll das heißen, da kam alles anders?" wollte Max wissen. Mandy ging voraus und sagte. „Ich hab gedacht, er ist arm."
„Tja, er ist auf sich selbst gestellt und hat keinen Penny. Viel ärmer kann man nicht sein", erwiderte Mam.
„Ich glaube, ich werde ihn mögen. Vielleicht verliebe ich mich sogar in ihn", sagte Mandy träumerisch.
„Sei nicht albern", versetzte Mam.
„Wie heißt er denn?" fragte Andy.
„Simon", sagte Mam und setzte das Teewasser auf. „Und er wird seinen Hund mitbringen, eine Jagdhunddame namens Gypsy."
„Dann kriegen wir also einen Jungen und einen Hund", sagte Andy.
„Wenn er einen Hund hat, ist er wahrscheinlich in Ordnung. Dann sieht doch alles gar nicht so übel aus, oder?" fragte Paps.

„Wie ist er denn so?"

Als sie am nächsten Tag aus der Schule kamen, saß Simon schon in der Küche. Er stand auf, als sie eintraten, und guckte ängstlich, seine braunen Augen waren unsicher, seine Hand lag auf dem Rücken einer schmuddligen Jagdhündin, die ein dickes Halsband mit Nieten trug.
Mam stellte alle förmlich vor, während draußen die gerade eingetroffenen Pfauen wie die Verrückten schrien. Simon schüttelte ihnen die Hand und wiederholte ihre Vornamen. „Hallo Andy, hallo Max, hallo Mandy." Er war nervös und fühlte sich nicht wohl in seiner Haut. „Los, komm und sieh dir die Ponys an", sagte Andy. „Sie heißen Glöckchen, Nelly, Lilly, Brommy, Caspar und Oscar, und die Esel nennen wir Salty, Milly und Molly."
„Toll", sagte er.
Über einer Wange hatte er eine lange Narbe. „Von einem Messer oder einer zerbrochenen Flasche", dachte Mandy. Und er hatte lange, sensible Hände. Er trug Jeans und ein offenes Hemd, und wenn er sprach, bewegte sich sein Adamsapfel.
„Wie heißt du denn weiter, mit Nachnamen?" fragte Andy und aß eine Scheibe Brot mit Erdnußbutter.
„Johnson", antwortete er, bevor Paps auftauchte und ihn mitnahm, um im Gemüsegarten zu arbeiten.
„Emma wird überrascht sein. Wartet nur, bis sie ihn sieht. Sie erwartet doch einen Rocker mit Lederjacke und Ketten dran", sagte Andy.

„So einfach gestrickt ist er, glaube ich, nicht", erwiderte Mam. „Irgendwie wäre es mir fast lieber, wenn er so wäre. Er ist zu still, und das ist kein gutes Zeichen."
„Er ist ja gerade erst angekommen. Gib ihm eine Chance, Mam", sagte Max.
„Wir starren ihn aber auch an, als ob er geradewegs vom Mond gekommen wäre", meinte Mandy.
„War Gypsy auch in dem Gefängnis?" fragte Andy.
„Nein, wir mußten sie aus einem Zwinger holen. Sein Leben ist nicht sehr schön gewesen. Aber ich kann euch wirklich nichts darüber erzählen, es wäre nicht fair. Eines Tages spricht er vielleicht selber darüber. Der Heimleiter — oder Chef, wie sie ihn nennen — hat gesagt, daß er im Grunde gut ist, aber sehr schüchtern und introvertiert", sagte Mam und stellte das Teegeschirr auf die Spüle.
„Was heißt das denn?" fragte Mandy.
„Daß er mehr nach innen denkt als nach außen. daß er nicht ununterbrochen redet wie wir, oder schreit wie du, Mandy, wenn etwas nicht klappt, stattdessen bekommt er Ausschlag oder Asthma."
„Dann sollten wir ihn nicht ärgern", meinte Andy.
„Besser nicht", stimmte Mam zu.
Max und Mandy gingen mit Brommy und Oscar reiten. Brommy war ein schwarzes Fell-Pony, Oscar ein graues Welsh. Andy half ihnen, sie zu satteln. Sie konnte hören, wie Simon und Paps im Gemüsegarten Pläne machten. Der Tag war wieder schön, aber die Wolken hingen tief, es war die Ruhe vor dem Sturm —, die Luft stand still, man spürte eine Angespanntheit, einen Druck.

„Reitet nicht so weit, es wird ein Gewitter geben", sagte Andy und guckte sich um, ob Emma schon aus der Schule kam. „Haltet euch nicht unter einem einzelnen Baum auf oder auf einem Hügel, da könnt ihr vom Blitz getroffen werden."
„Du brauchst uns nicht zu sagen, was wir tun sollen. Wir sind ja nicht blöd", zischte Max.
Andy erinnerte sich daran, wie die Farm ausgesehen hatte, als sie hier ankamen: das Unkraut hüfthoch, die Scheune baufällig, der muffige Geruch, der über allem hing, das Gewirr von Spinnweben, die leeren, überwucherten Felder. Zu der Zeit war Paps noch nicht da gewesen. Sie hatten sich ganz allein durch die Anfänge durchgekämpft, um die Farm zu dem zu machen, was sie jetzt war — ein Tierzentrum mit einer viktorianischen Küche und einem Spielplatz, mit Sahnetees und Ponyritten. Aber Emma hatte recht, wenn sie sagte, daß sie dabei kaum etwas verdienten. Deshalb hatte Paps die Pfauen gekauft und arbeitete jetzt mit Simon im Gemüsegarten. Bald würden sie auch eine Kuh haben. Dann konnten sie ihre eigene Butter machen, und Mam sprach auch schon von Käse. Mehr Geflügel würden sie auch haben und Eier verkaufen, und der Teich würde vergrößert werden, um Platz für mehr Enten zu haben. Aber bald müßten sie die Dachse freilassen, und die Anzahl der Besucher würde sich nicht erhöhen, trotz der Esel- und Ponyritte. Emmas Vater war Geschäftsmann. Er meinte, sie sollten sich auf Schweineproduktion und Legebatterien verlegen. Er konnte nicht verstehen, daß es Dinge gab, die wichtiger als Geld waren,

wie zum Beispiel das Wohlbefinden ihrer Tiere. Er betrachtete alles als Bilanz, die Verlust und Gewinn auswies, um die sich Buchhalter kümmerten, als ob das einzige, was zählte, Zahlen wären und nicht die Tiere, die die Zahlen erst möglich machten. Emma wohnte mit ihrem Vater in einem der im alten Stil nachgebauten Häuser hinter dem Gemüsegarten, in einem fast perfekten Haushalt, wo alles funktionierte, aber der keine Seele hatte, kein Herz, so daß Emma ihre Freizeit lieber bei ihnen auf der Farm verbrachte.
Emma kam winkend den Weg am Gemüsegarten langgerannt und rief: „Ist er da? Wie ist er denn so? Ich sterbe vor Neugier!"
Andy legte ihren ziemlich kurzen und dicken Zeigefinger an die Lippen und deutete auf den Gemüsegarten.
„Und?" fragte Emma ein paar Sekunden später und stand mit glänzenden Augen vor ihr.
„Hübsch, außer einer Narbe, aber schüchtern. Ich weiß nicht so recht. Ich glaube, er ist sehr verschwiegen. Ich habe das Gefühl, daß wir ihn vielleicht niemals richtig kennenlernen werden, und das ist ziemlich beängstigend. Aber er hat eine tolle Hündin, Gypsy, obwohl die auch nicht gerade freundlich ist", sagte Andy.
„Laßt ihm Zeit", riet Emma. „Nicht jeder redet pausenlos wie ihr alle. Was hat er denn verbrochen?"
„Keine Ahnung. Sie sagen es uns nicht."
„Glaubst du, daß er es noch mal macht?"
„Wahrscheinlich nicht."
„Wie man in den Wald hineinruft... du kennst das Sprich-

wort. Sieh es positiv", riet Emma. „Er wird schon in Ordnung sein."
„Er kann reiten, Mandy wird sich in ihn verlieben, und Max wird wahrscheinlich eifersüchtig werden. Wenn er doch bloß nicht gekommen wäre. Komm und sieh dir die Pfauen an. Wir können ihre Schwanzfedern für fünf Pennies das Stück verkaufen."
„Aber nur in der Mauser."
„Und ein paar Entenbabys sind gerade ausgeschlüpft."
„Küken, die heißen Küken", verbesserte Emma.
Es war Freitag, das ganze Wochenende lag vor ihnen. Morgen würde Andy bei den Ponyritten auf- und abhumpeln, während Mandy sich um das Eselsgespann, bestehend aus Salty und dem kleinen lackierten Karren, kümmern würde. Max würde am Tor sein, um die Eintrittsgelder zu kassieren, und Paps würde dafür sorgen, daß die Autos richtig parkten, während Mam mit Mrs. Arben in der viktorianischen Küche Sahnetees für ein Pfund das Stück servierten. Sie hatten keine Ahnung, wie viele Besucher kommen würden, es konnten zehn oder auch hundert sein. Sechs Busse voll oder sechzig oder auch gar keiner. Es hing alles vom Wetter ab, oder vom Schicksal.
„Wie heißt er denn, der Junge?" fragte Emma jetzt und bürstete Caspar, ihr braunes Connemara-Pony.
„Simon Johnson."
„Das klingt ja piekfein."
„Ja, und ich fürchte, er paßt nicht zu uns. Er wird nicht den ganzen Tag mit Paps im Garten arbeiten wollen. Und abends wird er sich zu Tode langweilen", sagte Andy.

„Du solltest ihn Brommy reiten lassen", schlug Emma vor.
„Ja, aber nächste Woche kommt der Gips runter, und dann will ich selbst reiten", sagte Andy. „Und warum ausgerechnet mein Pony?"
„Weil die anderen zu klein sind", sagte Emma.
Sie konnten hören, wie umgegraben wurde. Dann erschien Paps und sagte: „Wir haben uns entschlossen, ein Arbeitspferd zu kaufen, ein Tier, mit dem wir pflügen und mähen können. Ich geh am Mittwoch zum Pferdemarkt und nehme Simon mit, das wird ein netter Ausflug für ihn sein." Und über Andy schwappte eine Woge der Eifersucht hinweg.
„Warum nimmst du uns nicht mit? Könnten wir nicht einen Tag schulfrei nehmen?" rief sie. „Warum nur Simon? Er ist gerade erst angekommen!"
„Einen Tag schulfrei nehmen? Nicht mit den Prüfungen nächste Woche", erwiderte Paps. „Bist du denn bei Trost?"
„Was für ein Arbeitspferd, Mr. Wells?" fragte Emma.
„Ein Kaltblut, aber es darf nicht zu groß sein, wenn es im Gemüsegarten arbeiten soll. Und dann wollen wir auch ein Shire kaufen, Emma, und ein kleines Pony, das neben ihm stehen soll, sie sollen Zwerg und Riese heißen. Aber jetzt noch nicht. Bald, aber Mittwoch noch nicht."
„Paps sieht so glücklich aus", dachte Andy. „Ich habe ihn noch nie so glücklich gesehen." Und sie erinnerte sich wieder an die Zeit, als sie noch in der Stadt wohnten: den Streit, die Trostlosigkeit, Paps ohne Arbeit, die ewigen

Mahlzeiten aus billigem weißem Toastbrot mit Margarine, Mams Verzweiflung.
„Das Shire muß eine Stute mit Stammbaum sein, dann können wir mit ihr züchten", fuhr Paps fort.
Andy merkte jetzt, wie viel er gelesen hatte. Und sie verstand plötzlich, warum im Haus so viele Pferdezeitschriften und -bücher aufgetaucht waren. Sie hatte angenommen, daß Mam sie gekauft hatte, aber es war Paps gewesen, der ganz unerwartet seine Liebe zu Pferden entdeckt hatte.
„Heute will ich springen. Holst du das Buch, Andy?" fragte Emma.
„Der Abend ist eigenlich genau wie jeder andere, mit dem einzigen Unterschied, daß Simon da ist", dachte Emma und schlug im „ABC des Reitens" die Seite „Springen" auf.
Als die Ponys für die Nacht versorgt waren, verbrachten sie den Rest des Abends mit den Vorbereitungen für den nächsten Tag. Mam steckte bis zu den Ellenbogen in Mürbeteig, Max kontrollierte seine Eintrittskarten, Mandy polierte den glänzenden roten Eselsharnisch, und Andy putzte das Zaumzeug. Die Sonne ging wie ein Feuerball unter, die Bäume bewegten sich kaum, die Schule dauerte nur noch eine Woche, und dann lagen die gesamten Ferien vor ihnen. Nächste Woche würden sie die Dachse freilassen, und ein neues Pferd würde ankommen und vielleicht auch Zwerg und Reise. Andy hätte aufgeregt sein sollen, aber sie war es nicht, weil sie sich noch immer wegen des blonden, stillen Jungen, der im Gemüsegarten ar-

beitete, Sorgen machte und sich überlegte, wie er wohl wirklich wäre und ob man ihm trauen könnte.
Für den Verkauf seiner Eintrittskarten hatte Max jetzt einen Holzkiosk und eine richtige Kartenmaschine. Er hätte es lieber gehabt, wenn Simon anders gewesen wäre, durchschnittlicher und einfacher kennenzulernen. Mandy träumte von einer Party im Farmhaus, auf der sie ihn allen ihren Freundinnen zeigen könnte. Dann rief Mam sie alle zum Abendessen.
„Es sieht aus, als ob es morgen wieder schön wird. Macht es dir was aus, am Sonnabend zu arbeiten, Simon?" fragte sie.
Simon schüttelte den blonden Kopf.
„Du hilfst mir, Simon, nicht wahr?" fragte Paps. „Dann können die anderen mal Pause machen." Simon nickte zustimmend.
Später erzählte ihnen Paps, daß ein Bus mit Jungs aus dem Heim, in dem Simon gelebt hatte, angekündigt war. „Wenn man es überhaupt ein Heim nennen kann", fügte er hinzu. „Es ist eher ein Gefängnis."
Während der ganzen Zeit, als sie Tee tranken, saß Gypsy neben Simon, ihren Kopf auf seinem Knie. Offensichtlich wich sie nie von seiner Seite, und sie sollte auch in seinem Zimmer schlafen.
„Und du solltest auch mal reiten gehen, Simon. Du kannst nicht pausenlos arbeiten. Nimm Brommy, Andy hat nichts dagegen", sagte Mam großzügig. Mandy sah Andy an und lächelte.
„Haben Sie vielen Dank." Sie fanden es beängstigend, wie

höflich er war. „Ich werde sehr vorsichtig mit ihm umgehen, Andy. Er geht mit der Wassertrense, oder? Ist es in Ordnung, wenn ich in Jeans reite?" fragte er.
Sie sahen ihn erstaunt an. „Einen Hut muß ich mir aber von euch borgen", fügte er hinzu.
„Du hast vom Reiten wahrscheinlich viel mehr Ahnung als wir?" sagte Mandy.
„Das bezweifle ich", erwiderte er. „Man weiß niemals alles." Er sah sie nicht an, sonden an ihnen vorbei nach draußen auf den Sonnenuntergang. Und die Stille schien nach innen zu gehen, so daß sie alle in Gedanken versunken dasaßen und nichts sagten. Andy dachte, daß er sie beim Sprechen nie ansah, Max, daß er irgendwas verbarg, irgendein schreckliches Verbrechen, während Mandy fand, daß er wie ein Filmstar aussah.
Mam räumte den Tisch ab, und Max goß Kaffee in die großen Becher ein.
„Glaubst du, daß es dir hier gefallen wird, Simon?" fragte Mam und sah ihn an.
„Ja. Aber ich glaube es nicht, ich weiß es", antwortete er entschieden.

Drei weiße Fesseln

An diesem Wochenende kamen nicht viele Besucher. Simon ritt Brommy und meinte, daß dieser noch viel Ausbildung bräuchte, daß er steif sei und seine Fesseln nachzöge. „Mit dem kannst du niemals Dressur reiten", sagte er.
„Ich will ja auch gar nicht Dressur reiten", erwiderte Andy ärgerlich.
„Und dein Sattel hilft da auch nicht viel. Der hat einen Sitz wie 'ne Suppenschüssel", fuhr er fort. „Du brauchst eine höhere Krone hinten, damit du tief sitzt", fügte er hinzu, „so wie Emma eine an ihrem Sattel hat."
Andy hatte Mühe, den Mund zu halten und ihn nicht anzuschreien: „Was bildest du dir eigentlich ein?"
„Vielleicht hilft etwas Longieren", fuhr Simon fort. „Habt ihr einen Kappzaum?"
„Nein", antwortete Andy wütend.
„Macht nichts. Dann muß das Training reichen, du mußt viele Kreise reiten und immer wieder versuchen, Brommy anzutreiben, und du mußt den richtigen Schenkeldruck üben…"
„Danke für die Information", antwortete Andy eisig.
„Gern geschehen."
Simon nannte Paps „Sir" und Mam „Mrs. Wells". Paps wäre lieber David genannt worden, aber Simon meinte, er sei dazu erzogen worden, Ältere und Vorgesetzte mit Respekt zu behandeln.

Im Gemüsegarten arbeitete er unermüdlich. An den Öffnungstagen wies er die Leute sehr geschickt auf dem Parkplatz ein. Aber er schien immer eine Rolle zu spielen, so daß sich die Familie Wells allmählich fragte, ob sie wohl jemals den wirklichen Simon Johnson kennenlernen würde —, wenn es ihn überhaupt gab!

„Er ist ein verdammt guter Schauspieler", sagte Paps eines Abends voller Bewunderung.

„Aber eine wirkliche Person wäre uns doch lieber, nicht wahr?" meinte Mam.

„Er versteckt sich irgendwie", sagte Emma langsam. „Offensichtlich kann er sich selbst nicht leiden, deshalb versucht er, jemand anderer zu sein."

„Ja, jemand ganz piekfeines", sagte Andy gehässig.

„Jetzt fangt ihr schon wieder an, ihn in Stücke zu reißen", sagte Paps. „Könnt ihr euch eigentlich vorstellen, wie das für ihn ist?"

„Er könnte sich ja einfach einfügen", antwortete Max.

„Das tut er ja", sagte Paps.

„Das tut er nicht. Er sondert sich immer irgendwie ab", sagte Mandy traurig.

„Und auf alles hat er eine Antwort."

„Das kommt nur, weil er unsicher ist."

Max hatte das Geld auf dem Küchentisch ausgebreitet und zählte die Einnahmen. „Es stimmt nicht", sagte er. „Wir hatten drei Busse mit je sechsunddreißig Personen zu ein Pfund pro Kopf. Das müßten hundertacht Pfund sein, aber es sind nur hunderteins, und außerdem waren da auch noch ein paar Autos."

„Aber in den Bussen waren auch ein paar Kinder", sagte Mam, „und die zahlen nur die Hälfte. Oh Max, du fängst schon an, Simon zu verdächtigen. Wie kannst du nur?"
„Nein, überhaupt nicht... ich hab ja gar nichts gesagt..."
„Ich weiß, aber du hast es gedacht", erwiderte Mam.
Max sagte nichts, denn er wußte, daß es wahr war. Er wartete darauf, daß etwas schief gehen würde und daß Simon früher oder später seine wahre Natur zeigen würde.
„Ich hasse dich, Max", schimpfte Mandy, stürmte aus der Küche und knallte die Tür hinter sich zu.
„Sie putzt sich immer heraus, und er bemerkt es nie", sagte Max.
„Jetzt bist du schon wieder so gemein", meinte Mam.

Am nächsten Mittwoch begleitete Simon Paps zum Pferdemarkt. Andy ging mit Mam ins Krankenhaus, weil der Gips von ihrem Bein herunterkommen sollte. Sie mußten zweimal umsteigen. Keine von ihnen hatte einen Mantel mitgenommen, und als es anfing zu gießen, kaufte Mam einen Regenschirm.
„Danach werde *ich* Brommy reiten. Ich will Simon nicht mehr auf ihm sehen. Er ist mein Pony. Ich habe ihn bekommen", sagte Andy, als sie im Wartezimmer des großen modernen Krankenhauses saßen.
„Ist das nicht ziemlich selbstsüchtig?" fragte Mam.
„Das ist mir egal. Er gehört mir. Simon ist hergekommen, um zu arbeiten und nicht, um sich zu amüsieren. Manchmal habe ich das Gefühl, daß du und Paps ihn lieber mögt als eure eigenen Kinder."

„Sei nicht albern", sagte Mam und schüttelte den Kopf. „Er hat sich sogar Emmas Sattel ausgeborgt, ohne zu fragen. Wie findest du das denn? Als ob wir die Angestellten wären und er der Boss", fuhr Andy fort.
„Miss Wells. Bitte hier entlang", sagte eine Krankenschwester.
„Du merkst das nicht, aber so ist es, Mam. Und er wird Brommy *nicht* übernehmen. Das lasse ich nicht zu", rief Andy, und vor lauter Selbstmitleid traten ihr die Tränen in die Augen. „Miss Petrie vom Tierasyl hat ihn mir gegeben. Erinnerst du dich, was sie gesagt hat? Sie hat gesagt, daß er genau richtig für mich ist, und deshalb hat sie ihn mir gegeben und nicht Simon, sondern mir ganz allein."
„Setzen Sie sich", sagte ein blonder Arzt in einem weißen Kittel.
„Was gibt's denn da für Ärger wegen eines Ponys?"
„Gar keinen", sagte Mam.
„'ne Menge", murrte Andy.
„Na, dann sehen wir uns trotzdem mal das Bein an."
Der Arzt schickte sie in den Gipsraum, wo ein anderer Mann im weißen Kittel mit einer riesigen Schere ihren Gips aufschnitt. Dann bekam sie eine Gehhilfe. „Das müßte so gehen", sagte die Krankenschwester. „Und wenn nicht, komm wieder und fall nicht noch einmal von deinem Pony."
„Ich bin nicht runtergefallen, er ist hingefallen", murmelte Andy verärgert und sah in dem auf Hochglanz polierten Fußboden nur Simons Gesicht, das ihr mit einem

überlegenen Lächeln sagte, wie sie zu reiten hätte.
Sie gingen Tee trinken und Kuchen essen, bevor sie zu ihrer Bushaltestelle liefen. Andys Bein war schwach und nutzlos und tat weh. Sie wollte weinen, aber es kamen keine Tränen. Sie war sauer und haßte sich dafür.
„Ob Paps wohl schon das Kaltblut gekauft hat?" sagte Mam fröhlich.
„Wahrscheinlich irgendeins, das wir nicht gebrauchen können, zwei Jahre alt oder irgendwie nicht gesund", antwortete Andy schnippisch und fand sich gräßlich dabei, sagte es aber trotzdem.
„Bist du denn gar nicht aufgeregt? Noch ein Pferd! Vielleicht kann Simon es reiten", meinte Mam.
„Was?" Simon auf einem Kaltblut? Der würde sich nie im Leben auf ein Kaltblut setzen", zischte Andy.
„Was ist überhaupt ein Kaltblut? Sieh mal da, ein Regenbogen", rief Mam, als der Bus vor ihnen hielt.
„Ein Kaltblut ist ein leichtes Wagenpferd oder ein schweres Arbeitspferd", antwortete Andy und suchte sich einen Sitzplatz. Es war jetzt früher Nachmittag, und aus einer Privatschule rannten kleine Kinder heraus und sprangen in elegante Autos. Der Regenbogen überspannte die Häuser, er war wie ein Wunder.
„Nächste Woche habt ihr Ferien. Was hältst du davon, wenn wir einen Tag an die See fahren?" schlug Mam vor. Aber Andy konnte nur antworten: „Ich wünschte, er wäre nie gekommen. Er hat alles verdorben, und er wird uns den ganzen Sommer verderben. Merkst du das denn nicht? Den ganzen Sommer."

Sie waren wieder zu Hause. Paps stand in der Küche neben dem alten Herd. Der Regenbogen war verschwunden. Es war drückend heiß und kein Wölkchen am Himmel, das Gras schien vor ihren Augen zu vertrocknen.
„Als ich zahlen wollte, waren zwanzig Pfund aus meiner Gesäßtasche verschwunden", sagte Paps. „Glücklicherweise konnte ich mit Scheck zahlen, aber zwanzig schwerverdiente Pfund! Ich könnte heulen."
Und Andy dachte nur, ohne zu zögern, automatisch: „Simon!"
„Die müssen doch irgendwo sein. Hast du das Auto genau abgesucht?"
„Ja, jeden Zentimeter."
„Wo ist Simon?"
„Im Gemüsegarten beim Umgraben, zusammen mit seinem Hund. Gott weiß, wie er das schafft bei der Hitze", antwortete Paps.
„Das Geld muß irgendwo sein."
„Ich durchsuche sein Zimmer", sagte Andy, ohne zu denken.
„Das machst du nicht. Ich verbiete es dir", konterte Mam.
„Warum?"
„Weil wir keinen Beweis haben."
„Na, dann nicht. Aber hast du nun ein Pferd gekauft, Paps?" fragte Andy.
„Ja, es ist im Stall. Simon hat es hergefahren. Wir haben auch einen Trolley und einen Harnisch gekauft. Das war sehr billig. Das Pferd wird keinen Schönheitspreis gewinnen, es ist ziemlich unscheinbar, aber ein guter Kerl."

Andy wollte sagen: „Nicht wie jemand, dessen Namen ich nennen könnte". Aber diesmal beherrschte sie sich. „Simon kann alles. Ich habe noch nicht einmal den Harnisch richtig anlegen können, aber er konnte es", sagte Paps.
Andy humpelte nach draußen. Sie konnte nichts gegen das Humpeln tun, noch nicht, nicht bis ihr Bein wieder kräftiger war.
Ein lustiges Gesicht sah ihr über die Stalltür entgegen — große Ohren, eine unregelmäßige weiße Blesse, kleine Augen mit großen Augenbrauen, ein Bart, und als Krönung des Ganzen eine rosa Nase. Das Pferd hatte starke Gelenke, drei weiße Fesseln und am Bauch einen weißen Fleck. Sie ging in den Stall hinein und tätschelte seinen Hals, der von der Heimfahrt noch heiß war.
„Er heißt Witzbold", ließ sich Simons Stimme von draußen vernehmen. „Gefällt er dir?"
„Er ist in Ordnung."
„Tatsächlich ist er ein Witz, aber ein netter. Er hat Spat und eine Narbe innen am Kniegelenk, und ich glaube, daß er eher zwölf als acht Jahre alt ist, aber er war sehr billig. Hast du schon den Trolley gesehen, den wir mit ihm zusammen gekauft haben?"
„Noch nicht."
„Komm und sieh ihn dir an."
Es war ein niedriger Karren mit roter Deichsel und roten Rädern.
„Der Harnisch ist etwas gammelig", fuhr Simon fort. „Das Gebiß ist noch rostig, aber für die Arbeit wird es ge-

hen. Witzbold hat zwar drei weiße Fesseln, und das ist kein gutes Zeichen... Du kennst doch das Sprichwort, oder? ‚Einer kauft ihn, der zweite mißbraucht ihn, drei hegen einen Verdacht, vier jagen ihn in die Nacht?'" fragte Simon.

„Nein, kenne ich nicht", sagte Andy.

„Hast du schon gehört, daß deinem Vater Geld weggekommen ist?" fragte Simon als nächstes und blickte über den Hof hinweg.

„Ja, hab ich", sagte Andy.

„Ich nehme an, du glaubst, daß ich es genommen habe."

„Nein, nicht unbedingt, aber der Gedanke ist mir schon gekommen."

Simon wurde hochrot im Gesicht. „Na ja, du bist wenigstens ehrlich", sagte er. „Das rechne ich dir hoch an. Aber ich habe es nicht genommen... Ich glaube sogar, daß es wieder auftaucht."

„Wie praktisch", meinte Andy.

„Was meinst du damit?"

„Nichts."

Andy sah Simon an. Zu ihrer Überraschung hatte er Tränen in den Augen. Er drehte sich schnell um und rannte in den Gemüsegarten.

„Tut mir leid. Ich hab's nicht so gemeint", rief sie hinter ihm her. „Komm zurück, Simon."

Die Tür zum eingefriedeten Gemüsegarten schlug zu. Inzwischen waren die anderen aus der Schule gekommen, und Mandy schlang die Arme um Witzbolds Hals und rief: „Ist er nicht süß?"

„Und was machen wir für ein Schild an seine Tür?" wollte Max wissen.
„Viktorianisches Arbeitspferd", meinte Andy. „Kommt und seht euch den Harnisch an, er ist ziemlich schäbig und mit Strippen zusammengebunden. Und das Stroh, womit er ausgestopft ist, quillt überall heraus."
„Das kann man reparieren", sagte Max und nahm die alten, mit Scheuklappen versehenen Zügel in die Hand. „Wo ist Simon?"
„Im Gemüsegarten. Habt ihr schon von den zwanzig Pfund gehört?" fragte Andy.
„Ja, und Mam hat gesagt, wir sollen es Simon gegenüber nicht erwähnen."
„Das habe ich aber schon", sagte Andy. „Und seine Hoheit waren so gekränkt, daß ich es kaum ertragen konnte! Aber er hat es zuerst erwähnt."
„Glaubst du, daß er es genommen hat?"
„Ich weiß nicht."
„Wo könnte er es denn verstecken, wenn er es gewesen wäre?"
„Woher sollen wir das wissen? Mam wollte ja nicht, daß ich sein Zimmer durchsuche", erwiderte Andy.
„Ich finde dich widerlich", sagte Mandy. „Gemein! Du weißt genau, wie das auf den Märkten ist, da sind überall Taschendiebe. Stell dir doch mal vor, wie das für Simon ist, wo er doch versucht, ehrlich zu sein. Ich gehe jetzt zu ihm. Das Geld erwähne ich nicht, ich werde nur nett zu ihm sein."
„Sag ihm, daß ich heute abend Brommy reiten werde",

rief Andy. „Ich werde ihn mit der Salbe gegen das Sommerekzem behandeln, und dann reite ich mit Emma aus, und wir werden feiern, daß ich meinen Gips los bin."

Später ritten die beiden Mädchen zusammen aus.
„Wir reiten nach Hunston Hall", schlug Emma vor.
„Ist das denn in der Nähe?"
„Nur neun Kilometer, und vielleicht finden wir etwas heraus."
„Was denn?" fragte Andy und fiel in Trab, um aufzuholen.
„Etwas über Simon."
„Ich habe ihn zum Weinen gebracht."
„Mach keinen Quatsch!"
„Doch."
Sie trieben die Ponys an und ritten quer über fremde Felder. Andys Bein war immer noch schwach und fing bald an, weh zu tun. Sie ließ ihre Steigbügel hinunter, zog sie dann aber wieder hoch.
„Hat der Arzt gesagt, daß du gleich wieder reiten darfst?" fragte Emma.
„Wir haben nicht gefragt."
„Typisch Wellsens — völlig unfähig", sagte Emma.
Hunston Hall lag in einem geschützten Tal. Es hatte hohe Mauern und Eisentore, durch die sie einen Blick auf fußballspielende Jungen erhaschen konnten.
„Das sieht aus wie ein Gefängnis."
„Eigentlich ist es eine Jugendstrafanstalt, aber die Leute bleiben oft viel länger als vorgesehen, weil sie nicht wis-

sen, wohin sie sonst hingehen sollen", sagte Emma.
„Was hält eigentlich dein Vater von Simon?" fragte Andy, als sie wieder auf dem Heimweg waren.
„Er hält ihn für einen Hochstapler oder irgendeinen Ganoven, der alte Damen ausraubt, oder so was. Die Sorte, die nett ist und die Leute auf seine Seite zieht und dann seine Komplizen die Drecksarbeit machen läßt."
„Ich kann mir nicht vorstellen, daß Simon alte Damen zusammenschlägt. Er liebt Tiere, besonders die Ponys, und Ente ißt er auch nicht", sagte Andy.
„Na ja, es wird sich bald herausstellen", sagte Emma. „Lange hält er es sowieso nicht mehr durch."
„Was meinst du damit?"
„Er ist wie ein straff gespannter Draht. Merkst du das denn nicht? Er macht den Eindruck, als ob er ständig auf einem Drahtseil balanciert, und das kann man doch nicht ewig so weitermachen."
„Glaubst du, daß er Paps das Geld gestohlen hat?"
„Ich weiß nicht."
„Er weiß so viel über Pferde, es ist unglaublich. Er muß früher mit ihnen gearbeitet haben."
„Oder seine Eltern."
„Er hat aber keine."
„Natürlich hat er — jeder hat irgendwann mal Eltern gehabt, das ist einfach logisch", erwiderte Emma und fing an zu lachen. Überall waren Kaninchen zu sehen, und man konnte das Zwitschern von schläfrigen Vögeln hören. Sie waren noch weit von zu Hause entfernt. Diese Stimmung liebte Andy am meisten, die Zeit zwischen

Licht und Dunkelheit, wenn alles einzuschlafen schien außer den Nachttieren, die allmählich aufstanden, während die Tagtiere sich zur Ruhe begaben. Die Fliegen waren weg, die Mücken im Unterholz verschwunden, eine Eule schrie in die Nacht, und weit entfernt jaulte ein Fuchs.
Sie fielen in Trab. Andys Bein tat weh. Emma dachte daran, daß sie im nächsten Jahr um diese Zeit ihre Prüfungen hinter sich haben würde und alt genug sein, um von der Schule abzugehen.
„Ich hoffe, daß das alles gut geht mit ihm", sagte sie und sah Andy an. „Wirklich, aber ich bin nicht sehr optimistisch."
„Vielen Dank für deine aufmunternden Worte!" erwiderte Andy sarkastisch.
Jetzt waren sie fast zu Hause. Autoscheinwerfer erleuchteten die Straße. Jemand lehnte sich aus dem Fenster und schimpfte: „Was macht ihr denn hier zu dieser Zeit? Man kann euch kaum erkennen!"
Natürlich hatte er recht. Den schwarzbraunen Caspar und den schwarzen Brommy konnte man unmöglich sehen, sie verschmolzen einfach mit den dunklen Hecken und den stillen Straßen.
„Wir müssen Rücklichter kaufen", sagte Emma, „für die Steigbügel."
Dann konnten sie die Umrisse von Max erkennen, der am Tor auf sie wartete und rief: „Etwas Schreckliches ist passiert! Beeilt euch."

Ich möchte in den Pony-Club eintreten

„Eins der Ponys muß verletzt sein", rief Andy aufgeregt.
„Oder Mandy", meinte Emma, und sie fingen an zu galoppieren. Das Tor vorne war offen und das Haus hell erleuchtet.
„Gypsy ist weg, und Simon ist durchgedreht, verrückt, er spinnt", rief Max.
„Sie kommt bestimmt zurück", sagte Andy und stieg ab.
„Na, hab ich nicht gesagt, daß er es nicht durchhält?" sagte Emma.
„Er sagt, daß sie bestimmt überfahren worden ist und daß jetzt alles aus ist. Er heult die ganze Zeit", fuhr Max fort.
„Paps weiß auch nicht mehr, was er mit ihm machen soll, und jetzt flennt Mandy auch noch. Das reinste Irrenhaus…"
Sie versorgten die Ponys. „Ich muß gehen", meinte Emma, „mein Vater ist zu Hause, aber wenn ihr Hilfe braucht…"
„Es wird schon gehen", entgegnete Andy.
„Ich werde meinen Vater bitten, Gypsy mit dem Auto zu suchen."
„Ich war schon mit dem Fahrrad unterwegs", sagte Max. „Wir nehmen eine Fackel."
„Ich hab gewußt, daß es so kommt", sagte Andy. „Er war zu still."
„Und dann auch noch das verschwundene Geld", sagte Max.

Andy ging langsam ins Haus. Simon saß am Küchentisch und stützte den Kopf in die Hände. Paps telefonierte, während Mandy tränenverschmiert Tee schlürfte und Mam über dem steinernen Ausguß Kartoffeln schälte. Auf dem Fußboden lagen Bücher und zerbrochenes Porzellan.

„Deckt den Abendbrottisch", sagte Mam, ohne sich umzudrehen.

„Die Polizei hat sie nicht gesehen. Nach dem Abendbrot stellen wir einen Suchtrupp zusammen", sagte Paps müde und fing an, die Scherben zusammenzufegen.

„Das hat sie noch nie gemacht", sagte Simon. „Nie."

„Es gibt immer ein erstes Mal", erwiderte Paps.

„Ich nehme an, daß ich jetzt gehen soll. Soll ich packen?" fragte Simon durch die Finger.

„Sei nicht albern", entgegnete Mam scharf.

„Gypsy ist alles, was ich habe. Jetzt bleibt mir nichts mehr. Für Sie ist das in Ordnung. Sie haben das alles hier", sagte Simon und sah sich in der Küche um. „Sie sind reich."

„Nicht, wenn du den Bankmanager fragst, mein Sohn", entgegnete Paps.

„Aber Geld ist nicht alles, Sir."

„Tja, aber man braucht es."

Andy hatte den Tisch gedeckt. Sie setzte sich und legte ihr Bein auf einen anderen Stuhl. Plötzlich wollte sie weinen, weil es so ein langer Tag gewesen war. Sie hatte Schmerzen, und das kümmerte niemanden. Sie sorgten sich nur um Simon, und Paps hatte noch nicht einmal nach ihrem Bein gefragt.

Mam war dabei, Eier zu schlagen, schöne braune Eier, direkt aus den Nestern draußen im Gestrüpp. Jedes Ei sah aus wie ein Kunstwerk, dachte Andy, zu schön, um es aufzuschlagen und zu essen und die Schale als Abfall wegzuwerfen. Mandy dachte, daß Simon schließlich auch nur ein Mensch war, sie war jetzt ruhig und entspannt. Max sorgte sich bereits um das nächste Wochenende und überlegte, wie er seine Einnahmen vor dem, der das Portemonnaie von Paps gestohlen hatte, schützen sollte. Dann klingelte das Telefon, und Emma war dran.
„Wir haben Gypsy gesehen, sie ist mit zwei Hunden unterwegs. Sie muß läufig sei. Mein Vater sagt, daß sie sicherlich trächtig zurückkommt, stellt euch vor – sie wird Junge haben! Den Besuchern wird das gefallen. Sag Simon, er soll sich keine Sorgen machen, es wird alles gut werden", rief sie so laut, daß es alle hören konnten.
Simon lächelte tatsächlich.
„Was für Hunde?" fragte Paps.
„Ein ulkiger kleiner Terrier und eine großer, alter Schäferhund. Wir haben sie im Scheinwerferlicht gesehen. Bis dann", sagte Emma.
Später ging Simon mit einer Fackel nach draußen, und sie konnten ihn rufen hören: „Gypsy, Gypsy, wo bist du? Gypsy, Gyp, Gyp."
„Er hat mein Wörterbuch zerrissen", sagte Max.
„Und alle meine Zeitschriften und Mams Kochbuch", fügte Mandy hinzu.
„Das dürfen wir ihn nicht noch mal machen lassen", sagte Mam.

„Ich spreche mit ihm", versprach Paps. „Er ist ein hervorragender Arbeiter, und ich will ihn nicht verlieren."
„Ich fühle mich ganz ausgelaugt und erschöpft", meinte Mam. „Du weißt, wie sehr ich Aufregungen hasse."
„Er sagt, er will in die Abendschule gehen und Sattler werden", fuhr Paps fort. „Er ist ehrgeizig."
„Könnten wir nicht zur Abwechslung mal über was anderes reden?" fragte Andy.
Sie sahen noch einmal nach den Pferden, bevor sie ins Bett gingen. Witzbold graste zusammen mit Brommy und wieherte, als er sie sah. Der Himmel war voller Sterne, und der süßliche Geruch von frisch geschnittenem Gras hing über allem.
„Nächste Woche haben wir eine Kuh", sagte Paps. „Träumt davon."

In zwei Tagen würde die Schule aus sein, aber der Unterricht war eigentlich vorbei. Emma war schon zu Hause, als Simon am nächsten Tag in die Stadt ging und beladen mit Geschenken zurückkam. Er hatte seinen gesamten Lohn ausgegeben und für Paps einen neuen Hammer gekauft, für Mam neues Geschirr, für Andy gummibeschichtete Zügel, für Mandy ein Armband und für Max ein Taschenmesser, das alles hatte, was man brauchte — Hufkratzer, Flaschenöffner, Korkenzieher und zwei Klingen. Er sah ihnen zu, wie sie ihre Geschenke auspackten und sagte: „Als kleiner Ausgleich, weil der letzte Abend so schrecklich war", während Gypsy, die zurückgekommen war, seine Hand leckte.

„Das war doch nicht nötig", sagte Mam. „Du hast ja ein Vermögen ausgegeben."
„Das ist wie Weihnachten", meinte Andy.
„Für Emma habe ich ein Taschenbuch. Von Dick Francis", fügte Simon hinzu. „Mag sie Bücher?"
„Natürlich. Du hast die Geschenke sehr gut ausgesucht", sagte Mam.
„Danke."
Alle waren etwas peinlich berührt. „Aber jetzt mußt du sparen", fuhr Mam nach einem Moment fort. „Du brauchst dein Geld vielleicht später für einen Urlaub oder so was."
„Ich brauche keinen Urlaub. Aber jetzt sollte ich wohl weitermachen. Was gibt es zu tun, Sir?" fragte Simon.
„Es ist dein freier Tag", sagte Paps.
„Ich will keinen freien Tag."
„Wenn du willst, kannst du Brommy reiten", schlug Andy vor. Und so ging er mit Emma reiten. Sie sprachen über Bücher, über Pferde und darüber, wie man mit langem Zügel reitet.
„Wo hast du das alles gelernt?" fragte Emma. „Du bist offensichtlich ein Experte."
„Früher habe ich ein Pferd gehabt; es hieß Jumbo. Ich habe mit ihm an Springturnieren teilgenommen. Aber ich möchte nicht darüber sprechen, ich möchte nicht daran erinnert werden. Los, komm, wir galoppieren", sagte er und trieb Brommy an.
„Und du kannst auch fahren?" fragte Emma.
„Ja, wir hatten einen Vierspänner."

„Ich weiß nicht, ob ich das glauben soll oder nicht", sagte Emma später, als sie in der Küche saß und an ausgepreßtem Orangensaft nippte. „Ich halte es schlicht und einfach für Phantasie. Mein Vater findet das auch. Können Sie nicht etwas mehr über ihn herausfinden, David?"
Simon war jetzt mit Gypsy in seinem Zimmer. Andy legte ihr Bein hoch, Mandy zupfte ihre Augenbrauen, während sich Max zum ersten Mal seit Jahren seine Briefmarkensammlung ansah.
„Ich mag solche Nachforschungen nicht. Er wird es uns erzählen, wenn ihm danach ist", meinte Paps.
„Er reitet besser als wir alle, er muß die C- und B-Tests im Pony-Club bestanden haben. Warum in aller Welt hat er nur Mist gebaut?" fragte Emma.
„Und der Vierspänner? Das heißt, sie müssen Geld gehabt haben."
„Wir müssen Rock und Roll freilassen. Wir bringen sie in den Wald, da wo ihr sie gefunden habt", sagte Paps. „Sie sind jetzt groß. Ich mag es nicht, wenn Wildtiere eingesperrt sind."
„Du lenkst ab, Paps", sagte Max.
„Weil ich nicht die Absicht habe, es euch zu erzählen. Es muß von Simon selbst kommen, wenn ihm danach ist", antwortete Paps.
Simon fing an, abends Reitstunden zu geben. Er wußte so viel, daß sogar Emma beeindruckt war. Er brachte Andy bei, auf dem linken und dem rechten Fuß zu galoppieren und die Bahn der Länge nach zu wechseln. Er lehrte Emma, ihr Pony zu parieren, er baute Cavalettis und stellte

Gitter aus Ziegelsteinen auf. Er hielt die Kartoffeln, wenn sie Kartoffelrennen machten, und er benutzte Bohnenstangen für Slalomrennen. Er sprühte vor Ideen und wurde niemals ungeduldig. Dann brachte er ihnen bei, wie man einen Harnisch anlegt und wie man mit Witzbold den Wagen fährt. Dann fing er an, einen Hinderniskurs für sie abzustecken und Markierungen für die Dressur festzulegen.

„Für die Kinder ist das herrlich, ich weiß. Aber du solltest abends ausgehen, Simon, mit einer Freundin ins Kino oder in die Disko", sagte Mam.

„Aber ich bin gern hier", antwortete er. „Und ich bringe anderen gern etwas bei."

Es war fast so, als ob er Angst hätte, der Außenwelt gegenüberzutreten, als ob die Pony-Farm eine Zuflucht für ihn geworden wäre, aus der er sich nicht herauswagte. Er stand als erster auf und ging als letzter ins Bett, und wo immer er hinging, ging Gypsy auch hin, die jetzt immer runder wurde, weil sie trächtig war.

Die Pferde liebten ihn, und er sprach stundenlang mit ihnen, als ob sie Menschen wären und jedes Wort verstünden. Aber niemals erwähnte er Hunston Hall oder seine Kindheit. Es war fast so, als wenn er das alles nicht erlebt hätte, als wenn es das niemals gegeben hätte, als ob er immer bei ihnen auf der Farm gewesen wäre.

„Eines Tages wird er sich öffnen", sagte Paps.

„Und alles wieder kaputtmachen", versetzte Mam.

Der Gemüsegarten nahm allmählich Gestalt an. Paps und Simon pflanzten Hecken, Spargel, endlose Reihen Salat,

Spinat, alle Arten Gemüse und Spalierobstbäume. Sie legten die alten Wege wieder an, renovierten das viktorianische Töpferhaus, fingen an, die Mauer auszubessern und planten jetzt ein Treibhaus für Blumen.

Je länger der Sommer dauerte, desto mehr Besucher kamen. Die Ponys hatten keine Lust mehr auf die Ponyritte, standen niedergeschlagen herum und ließen die Köpfe hängen. Andys Beine taten weh, die Fliegen waren überall, obwohl die Ponys um die Augen herum und auch sonst überall mit Fliegenspray eingesprüht waren. Salty bockte den halben Tag und weigerte sich, auch nur einen weiteren Schritt zu gehen. Die Leute lachten, und ein Mann sang: „Ich hatt' 'nen Esel, und der wollt' nicht gehen", während Mandy immer roter im Gesicht und immer wütender wurde. Die Kinder in Saltys Karren hatten zwanzig Pennies pro Kopf bezahlt, und ihre Eltern wurden ärgerlich. Simon spannte daher Witzbold vor den Trolley und übernahm zehn Kinder gleichzeitig, und Salty fiel in Ungnade und mußte zurück in den Stall.
„Das macht er jetzt jedesmal", stöhnte Mandy.
An diesem Tag verkaufte Mam hundertfünfzig Sahnetees zu einem Pfund das Stück, und Max' Blechschachtel quoll über vor Geld. Mandy hatte nichts zu tun, schlenderte herum und ertappte einen fetten Jungen, wie er Glöckchen mit Nägeln fütterte, und holte Paps zu Hilfe. Eine dicke Frau in einem Strandkleid fiel in der viktorianischen Küche in Ohnmacht, und ein Mann in einem offenen Hemd krachte mit seinem Landrover rückwärts in

einen Mini, in dem eine Dame mit dunkler Brille am Steuer saß. Aber was die Einnahmen anging, war es der beste Tag des Sommers.
Als er endlich zu Ende war, rief Paps aus: „Morgen gehe ich in bester Laune zur Bank."
„Ich hab richtige Puddingbeine", sagte Andy, „und die Ponys sind stinksauer, sie hatten die ganze Zeit die Ohren angelegt, und Oscar hat einen Jungen beinahe in den Hintern gebissen."
„Wir brauchen mehr Hilfe", stöhnte Mam und goß Tee in dicke Steingutbecher. „Mrs. Arben ist fantastisch, aber es ist einfach nicht fair, die Kinder so schwer arbeiten zu lassen, pausenlos, Woche für Woche."
„Für die Ponyritte müßten wir mehr verlangen", schlug Max vor und nippte an seinem Tee. „Zwanzig Pennies sind viel zu wenig. Dieselben Kinder reiten deshalb immer wieder. Warum lassen wir den Ritt nicht etwas länger dauern und nehmen fünfzig Pennies?"
„Es ist ein Wunder, daß Glöckchen die Nägel nicht gefressen hat. Er hat sie immer wieder ausgespuckt, und der Junge brüllte vor Lachen. Es war schrecklich", erzählte Mandy.
„Der muß ja nicht ganz richtig im Kopf gewesen sein", meinte Max.
„Wir brauchen jemanden, der die Besucher ständig beobachtet, das ist noch ein anderes Problem. Und habt ihr gesehen, wieviel Müll sie hinterlassen haben? Das war heute einsamer Rekord", sagte Mam.
„Simon räumt das alles zusammen. Seht mal aus dem

Fenster. Der Bursche ist ein kleines Wunder", rief Paps aus.
„Oder ein Heiliger", sagte Mam.
„Oder ein Märtyrer", sagte Max.
„Vielleicht regnet es nächstes Wochenende, dann kommen nicht so viele Besucher", hoffte Andy.
„Sag das nicht, wo wir anfangen, Gewinn zu machen", knurrte Paps. „Noch ein paar Tage wie heute, und wir sind über den Berg."
„Falls wir lange genug überleben, um auf den Berg hinaufzukommen", erwiderte Mam.
„Ich möchte an Turnieren teilnehmen. Ich habe noch nie an einem Turnier teilgenommen. Ich habe noch nicht einmal eine einzige Rosette. Ich möchte in den Pony-Club eintreten. Simon meint, daß ich vielversprechend bin, er hat gesagt, daß ich alles hätte, was eine gute Reiterin ausmacht. Und für die meisten Wettbewerbe bin ich schon zu alt. Das ist unfair – alle anderen nehmen an Turnieren teil. Ihr solltet mal Emmas Rosetten sehen. Über ihrem Bett hat sie eine ganze Menge, und die meisten hat sie mit Oscar gewonnen, als er ihr noch gehörte. Nur für die Ponyritte ist er zu schade. Er sollte wirklich bei Wettkämpfen dabeisein."
Andy hatte gar nicht soviel reden wollen, die Worte sprudelten aus ihr heraus wie Hafer aus einem übervollen Sack. Sie merkte jetzt, daß sie das alles schon lange hatte sagen wollen.
„Und ich will richtige Reitkleidung und nicht die ollen Klamotten aus zweiter Hand", sagte Mandy.

„Das ist unfair gegenüber den Ponys, sie wollen zu Turnieren und andere Ponys kennenlernen", fuhr Andy fort.
„Wir haben hier offenbar eine Revolte", sagte Paps ruhig.
„Bitte, Paps", sagte Andy. „Es muß doch möglich sein, einmal auf die Ponyritte zu verzichten, nur einmal."
„Alles zu seiner Zeit", sagte Paps.
„Das hast du letzte Woche schon gesagt und vorletzte, das sagst du immer, Paps", erwiderte Max. „Das klingt allmählich wie eine Schallplatte."
„Ihr beutet uns aus", sagte Mandy.
„Wir werden etwas unternehmen, ich verspreche es", sagte Mam und spülte die Becher aus. „Es ist alles richtig, was ihr sagt."
Aber Andy wußte genau, daß sie alles einfach vergessen würden, weil Mam und Paps viel zuviel zu tun hatten, um klar zu denken.

Am nächsten Abend brachten sie Rock und Roll hinunter in den Wald, wo sie sie im Frühjahr vor den Dachsräubern gerettet hatten. Die Glockenblumen waren verblüht, aber sonst hatte sich nichts geändert; das Summen der Insekten und das Gefühl, daß der Wald ihnen und den Tieren gehörte und daß die Menschen Eindringlinge waren. Überall waren Kaninchen, und die Luft war erfüllt vom Duft wilder Blumen. „Ich liebe diesen Wald trotz allem, was hier passiert ist", sagte Andy.
Die Dachse kratzten jetzt am Deckel der Boxen und schnupperten.
„Sie merken, daß sie wieder zu Hause sind", dachte Max.

„Das ist ihr Territorium". Als Paps den Deckel anhob, sprangen sie heraus und waren sofort verschwunden, verschmolzen mit der Dämmerung ohne einen einzigen Blick zurück, und Andy meinte: „Das war's dann wohl", und fühlte eine Träne ihre Wange hinunterkullern.
„Liebes, nun sei mal nicht so rührselig", sagte Mam und strich ihr über den Rücken. „Hier gehören sie her."
„Ich werde sie aber auch vermissen, ebenso wie die Besucher", sagte Paps und wandte sich zum Gehen.
„Wie wir alle", sagte Mam.
„Montag gehe ich auf eine Versteigerung von altem Gerümpel", fuhr Paps fort. „Da gibt es ein altes Butterfaß und eine Hächselbank und einen Pferdepflug. Wenn ich den Pflug kriege, kann ihn Simon mit Witzbold im Gemüsegarten verwenden. Außerdem will ich auch eine Egge haben."
„Typisch Paps", dachte Mandy, „immer muß er Sachen kaufen, niemals hat er eine Minute Zeit, um uns beim Reiten zuzusehen oder uns zur Disko zu fahren."
Auf ihrem Weg nach Hause machten sie in einem Pub halt, saßen draußen und tranken Bier und Saft, und Andy dachte, wie schön es war, daß Simon nicht dabei war, nur die Familie ohne einen Fremden, nicht einmal Emma, ein einziges Mal wenigstens.
Sie stellte sich die Zukunft voller Wettbewerbe und Turniere vor, ganze Tage im Pony-Club. Eines Tages mußte es einfach wahr werden!
Mandy dachte über Simon nach. Ob er sie wohl am liebsten mochte? Oder bevorzugte er Emma oder Andy? Sie

drehte das Armband, das er ihr geschenkt hatte, an ihrem Handgelenk hin und her und fragte sich, warum sie ein Armband bekommen hatte und die anderen Zügel und Bücher. Das hieß bestimmt, daß er sie am liebsten mochte.

Max dachte über Geld nach, über Leute, die ihm eine Zwanzigpfundnote reichten und sich darüber beklagten, daß er ihnen das Wechselgeld zu langsam zurückgab. Und in diesem Moment, als er Männer beobachtete, die Bier in sich hineingossen, und Frauen, die an Wein nippten, konnte er die Menschen nicht besonders gut leiden. „Sie schmeißen überall ihren Abfall hin", dachte er, „und latschen dir über die Füße und können keine Minute auf irgendwas warten, selbst wenn sie es nicht eilig haben. Sie stopfen sich mit Eiern aus Legebatterien voll und Schweinefleisch von den armen Viechern aus der Fabrikhaltung, und dann kommen sie zu uns und können sich gar nicht beruhigen, wenn sie unsere Tiere sehen, und tun so, als ob sie sie lieben. Das ist so unlogisch. Das ergibt überhaupt keinen Sinn."

Mam dachte an die Kuh, die sie anschaffen wollten, daß sie in einem hölzernen Faß Butter machen und ihre eigene Sahne haben würden. Und Paps sah die Zukunft vor sich — ein großes Schild auf der Hauptstraße, das in riesigen roten Lettern alle zur PONY-FARM TIERZENTRUM leitete. Ein Schild, so groß, daß es nicht zu übersehen wäre, aber dafür brauchten sie die Genehmigung der Gemeinde, und das würde vierzig Pfund kosten. „Aber heutzutage kostet alles Geld", dachte er, „die Kinder verstehen das nur nicht." Und dann dachte er an Simon und daran, was für ein prima Kerl er war. „Eines Tages wird er seinen Weg machen", entschied er. „Alles wird gut laufen für ihn, wenn er seine Trümpfe gut einsetzt und seine Vergangenheit überwindet, und ich werde ihm in jeder nur erdenklichen Weise helfen. Wenn es geht, werde ich ihm das beste Zeugnis schreiben, das je ein Bursche bekommen hat."

Es war schon ziemlich dunkel, als sie über die Straße zu dem Auto gingen, das Paps gekauft hatte, als er mit den Taschen voller Geld aus dem Nahen Osten zurückgekommen war. Es schien schon so lange her zu sein, obwohl erst drei Monate vergangen waren. Und keiner von ihnen wußte, was ihnen bevorstand, was gleich um die Ecke auf sie wartete an Verzweiflung und Zerstörung, Schock und Entsetzen.

Als sie nach Hause fuhren, sangen sie. Mandy hatte eine gute Stimme, Max kam gerade in den Stimmbruch, und Andy war unmusikalisch, aber das machte nichts. Für den Augenblick waren sie alle zusammen in dem großen Auto, das Paps aber eines Tages verkaufen wollte, weil es zu viel Benzin brauchte. Sie waren zusammen und vereint, und das war alles, was zählte. Sie waren voller Hoffnungen und Träume, müde, erschöpft, aber glücklich.

Tod und Zerstörung

Die Farm war hell erleuchtet, als sie zurückkamen. Sogar von den neuen Laternen am Stall fiel Licht auf die hohen Bäume und den Ententeich, der früher eine Pferdeschwemme gewesen war, wo die Pferde nach der Arbeit auf den Feldern fesseltief im Wasser gestanden und in tiefen, langen Zügen getrunken hatten.
Und plötzlich fühlten sie, wie Panik in ihnen hochkroch.
„Simon muß wieder durchgedreht haben", rief Mam.
„Da steigt Rauch aus den Schweineställen", schrie Paps und trat aufs Gaspedal.
„Seht mal! Die Tore sind alle offen!" schrie Andy, und ihr Herz klopfte wie wild.
„Ich hab Angst. Ich glaub, mir wird schlecht", kreischte Mandy. In Max krampfte sich alles zusammen, und er fragte sich, was wohl als nächstes käme. „Was erwartet uns? Was ist da passiert?"
Sie sprangen aus dem Auto. Paps rannte, um Wasser und einen Schlauch zu holen, Mam lief auf das Haus zu, wo alle Türen offen und alle Lampen an waren, während Andy zu den Feldern rannte, wo die Pferde herumliefen. Mandy stand erstarrt da, zitterte und schrie dann: „Simon, Simon, Simon. Wo bist du? Simon!"
Aber irgendwie wußte sie, daß er nicht da war, daß er es getan haben mußte, daß er alles zerstört hatte und dann geflohen war.
Sie fühlte das Armband an ihrem Handgelenk und wußte,

daß sie ihn gemocht hatte, vielleicht geliebt hatte. Und jetzt war er weg, alle Türen standen offen, und die Pferde waren wahrscheinlich auch weg. Dann hörte sie, wie Max schrie: „Mathilda ist tot, ihre Kehle ist durchgeschnitten." Und Mam schrie: „Das Haus ist geplündert", und Andy rief: „Kommt her und helft mir, die Pferde sind im Gemüsegarten", und sie wußte nicht mehr, wohin sie sich wenden, wem sie zuerst helfen sollte.

Tränen liefen über Max' Gesicht. „Sie ist tot", kreischte er. „Mathilda ist tot. Interessiert das denn niemanden? Mathilda ist tot."

Und Paps rief: „Ganz ruhig, mein Sohn. Alles stirbt schließlich irgendwann. Komm und hilf mir lieber, das Feuer zu löschen, bevor es sich ausbreitet."

Gleichzeitig rief Mam: „Er hat alles zertrümmert — alles!"

Und alle wußten, wer gemeint war!

Andy versuchte, die Ponys einzufangen. Im Gemüsegarten war es dunkel, und man konnte das ständige Knirschen von zerbrechendem Glas hören, als ob die Tiere über Glasbrocken galoppierten. Aber langsam beruhigten sie sich, und dann kam Mandy mit einem Eimer Hafer und mit Halftern. „Brr, ruhig. Brr", rief Andy. „Ruhig, brr." Eins nach dem anderen fingen sie ein — Glöckchen, Nelly, Lilly, Oscar und Witzbold. „Brommy ist nicht da. Er fehlt", sagte Andy und fühlte sich innen ganz hohl. „Und sieh mal, Witzbold blutet. Er hat sich sein Bein am Glas zerschnitten. Sieh mal, sein Hinterbein, an seiner weißen Fessel, die ist dunkelrot... das heißt, es ist

eine Arterie", fuhr Andy fort, als sie in den erleuchteten Hof kamen.
„Ich hol einen Tierarzt", schrie Max und schüttete einen Eimer Wasser in das schwelende Feuer in den alten Schweineställen, „sonst verblutet er." Er raste ins Haus, riß den Hörer von der Gabel, wählte eine Nummer. Nichts passierte. Und dann sah er, daß die Leitung aus der Wand gerissen war.
Andy fand Verbandszeug. „Wir brauchen eine Klammer, einen Stock, Druck. Muß ich es unter oder über der Arterie abbinden, Paps?" schrie sie.
„Über, natürlich", brüllte Paps.
„Das Telefon funktioniert nicht, rausgerissen", schrie Max. „Wir brauchen einen Tierarzt, Paps."
„In Ordnung, Sohn."
„Drei hegen einen Verdacht", war es nicht das, was Simon über Witzbolds drei weiße Fesseln gesagt hatte? Und jetzt verlor Witzbold Blut. „Wie Wasser aus einem Schlauch läuft", dachte Andy, faltete Emmas schönste Schwanzbinde und preßte sie gegen den Schnitt, um die Blutung zu stoppen. „Drei hegen einen Verdacht", aber sie hatten Simon nicht verdächtigt, krank zu sein, geistig krank. Sie waren nett zu ihm gewesen — obwohl es Anzeichen gegeben hatte —, zu nett, und jetzt mußten die Tiere leiden. Andy schwor sich, daß sie nie wieder so nett sein würde, während Witzbold seinen komischen Kopf hängen ließ und irgendwie zu verstehen schien, daß sie versuchte, ihm zu helfen. Aber wo war bloß Brommy, überlegte Andy, als Mandy ihr eine Kreppbandage und

einen Stock gab. Sie kniete auf dem taunassen Beton und dachte, daß sie ihm das nie verzeihen würde, niemals.
Mandy hatte jetzt die Esel im Obstgarten gefunden, wie sie sich mit heruntergefallenen Äpfeln vollfraßen, und Max entdeckte zwei verletzte Enten. Paps war mit dem Auto unterwegs zur nächsten Telefonzelle, während Mam weinend in der Küche saß und so erledigt war, daß sie noch nicht einmal Tee machen konnte.
Witzbolds Bein war bandagiert, und Andy ging in die Küche, um auf die Uhr zu sehen, und stellte fest, daß sie zertrümmert auf dem Boden lag, während Mam dasaß und still wie ein Kind weinte.
„Kannst du mir deine Armbanduhr geben, Mam? Ich muß Witzbolds Klammer alle fünfzehn Minuten lockern, sonst kriegt sein Bein keinen Sauerstoff und stirbt ab", sagte sie. Sie war jetzt ziemlich ruhig, innen aber taub und hohl, als ob sie neben sich stünde, wie jemand, der von außen durch ein Fenster hineinsieht. „Das ist alles nicht wahr", dachte sie, „es ist ein Alptraum, und bald werden wir aufwachen, und alles ist in bester Ordnung."
Aus der Telefonzelle im Dorf hatte Paps den Tierarzt und dann die Polizei angerufen. Er stieg wieder ins Auto und dachte: „Wenn ich jetzt Simon erwische, bringe ich ihn um. Warum entsteht aus Gewalt wieder Gewalt? Ich bin kein gewalttätiger Mensch. Und trotzdem merke ich, wie dieses schreckliche Bedürfnis nach Rache in mir hochsteigt."
„Wie konnte so etwas nur geschehen", dachte Andy und wischte Blut von Glöckchens Hufkrone, bevor sie sich

nach Wundpuder umsah. Dann stellte sie fest, daß die Wunde tiefer war, als sie zunächst ausgesehen hatte und daß sie wahrscheinlich genäht werden mußte.
Mandy brachte die Esel in den Stall. Ihr war klar, daß sie bei ihnen auf Anzeichen von Koliken achten mußte, weil ihnen Apfelsaft aus dem Maul tropfte und ihre Bäuche aufgebläht aussahen. „Wie lange waren wir denn weg", fragte sie sich dumpf. „Wir sind in den Wald gelaufen und zurück, das waren mehrere Kilometer. Dann saßen wir in dem Pub, bis er zumachte — also alles in allem etwa drei Stunden, oder vielleicht auch vier. Es muß jetzt halb zwölf sein, beinahe Mitternacht. Dieser Pub wird mich immer an heute abend erinnern."
Andy lockerte Witzbolds Klammer und hielt den Druck mit der Hand noch eine Weile aufrecht, dann bandagierte sie ihn wieder, drehte den Stock herum und band ihn fest, und die ganze Zeit überlegte sie sich, was aus Brommy geworden war. Wo war er bloß? Würden sie ihn morgen tot finden? Hatte Simon ihn umgebracht, weil er ihn am meisten liebte und weil er so geistesgestört war, daß er alles umbringen mußte, was er liebte? Konnte er so krank sein? „Bitte, lieber Gott, mach, daß es Brommy gut geht", murmelte sie.
Paps stand jetzt in der Küche und sagte: „Faßt nichts an. Die Polizei wird nach Fingerabdrücken suchen wollen."
„Simon kann das alles doch unmöglich allein gemacht haben?" fragte Mam. „So lange waren wir nicht weg."
„Er muß es geplant haben und hatte außerdem Komplizen", erwiderte Paps. Er, der Simon so sehr gemocht hat-

te, haßte ihn jetzt. „Wenn ich ihn nur zwischen die Finger bekommen könnte", sagte er. „Ich weiß nicht, was ich ihm antun würde, aber ich schwöre euch, er würde es nie vergessen."
„Da versucht man, den Leuten zu helfen, und dann passiert so was", weinte Mam. „Warum nur, David?"
Die Tierärztin kam, eine Frau in Jeans und Anorak mit kurzen dunklen Haaren. „Sie haben wenigstens Beleuchtung hier, was für ein Segen", rief sie und fuhr mit ihrem Auto direkt bis zu den Ställen. Max hatte inzwischen noch einige verletzte Enten gefunden, und Mandy hatte bemerkt, daß Milly einen Schnitt in der Schulter hatte. Die Tierärztin hieß Anne McDonald. Sie nähte zuerst Witzbold. Sie war sehr vorsichtig. „Kein Grund zur Panik. Pferde brauchen wenigstens zehn Stunden, um zu verbluten", sagte sie. „Was ist denn passiert?"
„Wir waren nicht da", antwortete Andy. „Deshalb wissen wir das auch nicht."
Arm in Arm sahen Mam und Paps zu. Die Tragödie hatte sie einander nähergebracht. Die verletzten Tiere standen Schlange und warteten darauf, daß Anne McDonald ihnen half, und Max wollte, daß sie auch Mathilda ansah, um sicherzugehen, daß sie auch wirklich tot war.
Jetzt weinte niemand mehr. Über den Bäumen war das erste Morgengrauen zu sehen, während in der Luft der Geruch von verbranntem Mauerwerk und Stroh hing und noch ganz schwach von frisch geschnittenem Gras.
„Das muß eine Bande gewesen sein. Eine Person allein kann das alles nicht angestellt haben", sagte Anne McDo-

nald und wandte sich dann Glöckchens Hufkrone zu.
„Sie kennen Simon nicht. Er gehört zu den fähigsten Leuten, die ich kenne", erwiderte Andy bitter. „Fähig zu allem..." Die Polizei traf endlich ein und durchkämmte das Haus. Der Leiter von Hunston Hall war auch gekommen und Emma und ihr Vater, die helfen wollten. Mam tat nichts, sie saß nur am Küchentisch und stützte den Kopf in die Hände. Ein rosa-graues Licht am Himmel kündigte einen neuen Tag an. Anne McDonald sah sich um. „Wer tut so etwas?" fragte sie aufgebracht. „Hat euer Freund Tiere denn so gehaßt?"
„Nein, er hat sie geliebt", antwortete Andy.
„Oder hat so getan", sagte Mandy.
Es war nicht leicht zu verstehen, daß Simon ein Tier verletzen konnte. Er schien immer so liebenswürdig, bis auf den einen gewalttätigen Ausbruch. „Wir müssen einfach begreifen, daß er krank ist", dachte Andy wieder, „es gibt einfach keine andere Erklärung."
Sie brachten zwei Enten, ein Zwerghuhn mit gebrochenem Flügel und einen Pfau mit verletztem Hals in die Küche, die jetzt einem Krankenhaus ähnelte. Sie legten Kartons mit Stroh aus, um Nester zu machen. Agatha Platschlatsch, eine große weiße Ente, war am schlimmsten dran. Sie ließ den Kopf mit geschlossenen Augen hängen, und nur ihr gelber Schnabel, der sich öffnete und schloß, zeigte, daß sie noch lebte.
„Noch wer? Oder kann ich jetzt nach Hause?" fragte Anne McDonald, während sie sich über der Spüle die Hände wusch.

„Ich mach Ihnen einen Kaffee", bot Andy an, weil Mam zusammengebrochen war und sich wie ein verletztes Wild nach oben auf ihr Bett geschleppt hatte und Paps zusammen mit der Polizei nach Waffen suchte.
„Wir gucken noch einmal rum", sagte Max, „los, Mandy, komm." Sie gingen hinaus in eine Morgendämmerung, wie es sie schöner nicht geben konnte, und in die Brise, die sie zu streicheln schien, in der Gewißheit, daß sie wieder aufmachen mußten und daß alles weitergehen mußte, was immer auch passieren würde.
„Ich kann es nicht glauben", murmelte Max.
„Wir waren zu glücklich, wir waren alle zu glücklich", heulte Mandy dramatisch.
Die unverletzten Enten schwammen im Teich. Ein Pfau guckte traurig auf seine verletzte Henne. Milly lag, Glöckchen entlastete ihre verletzte Hufkrone, Witzbold ließ seinen komischen Kopf über die Stalltür hängen. Aber Brommys Box war leer, und Max dachte, daß das wohl das Schlimmste von allem war. Anne Mc Donald ging jetzt und sagte: „Später komme ich noch mal wieder, am Nachmittag oder Abend."
„Wir müssen bald mit einem Suchtrupp losgehen", sagte Andy, als sie zu den beiden stieß.
„Wozu?" fragte Max.
„Simon und Brommy."
„Du machst wohl Witze. Die sind nicht zusammen", meinte Max.
„Seine Zügel sind weg. Komm und sieh es dir im Sattelraum an", sagte Andy.

„So eine Gemeinheit, so eine Frechheit", rief Mandy. „Wie konnte er nur das alles tun und dann mit Brommy abhauen. Ich hasse ihn."
„Wir kennen die ganze Geschichte noch nicht", sagte Max.
„Und vielleicht werden wir sie auch niemals erfahren", erwiderte Mandy mit schrecklicher Gewißheit in der Stimme.
„Vielleicht liegt Brommy schon in Stücke aufgeteilt in der Tiefkühltruhe von irgendwem", überlegte Max.
„Ich kann nicht glauben, daß er so schlecht ist", antwortete Andy, „so sehr ich mich auch bemühe. Ich glaube, Simon ist tot. Ich glaube, er hat sich umgebracht. Ich glaube, das war der endgültige Ausbruch des Wahnsinns."

Was ist denn aus Jumbo geworden

„Wir haben die ganze Nacht nicht geschlafen und auch nichts gegessen", dachte Andy später. „Kein Wunder, daß ich mich so schwach und verzweifelt fühle." Emma war jetzt in der Küche. „Wir gehen später raus", sagte sie, wobei sie über den Suchtrupp sprach. „Wir nehmen die Räder und Oscar und Caspar. Zwei von uns auf dem Fahrrad und zwei auf den Ponys. Wir müssen auf Hufabdrücke achten…"
Andys Verstand konnte fast nicht aufnehmen, was sie sagte, während sich in Mandys Kopf alles vor Erschöpfung drehte. Max zitterte, weil sich der Schock erst jetzt bei ihm auswirkte. Das gesamte Haus war noch in einem totalen Chaos — herausgezogene Schubladen, zertrümmerte Möbel, sogar zerbrochene Fensterscheiben.
Wie Paps gesagt hatte; es reichte aus, um einem das Herz brechen zu lassen.
Und Emma sprach von einem Suchtrupp, wo doch keiner von ihnen auch nur noch das kleinste bißchen Energie übrig hatte. „Es ist jetzt neun", fuhr Emma fort und sah auf die Uhr. „Wollen wir um zwei Uhr losgehen?"
Sogar die Zeit hatte keine Bedeutung mehr. Eine der verletzten Enten hob den Kopf und quakte, und eine Henne gluckste vor Mitleid, während weit entfernt ein Autofahrer hupte. „Um zwei dann", bekräftigte Emma. „Mit Landkarte und so…"
Plötzlich wünschte sich Andy, daß Emma gehen würde,

weil sie zu tüchtig war, zu gescheit und sauber für das Desaster um sie herum, wie jemand aus einer anderen Welt.
„Ich geh ins Bett. Ich kann ja jetzt doch nichts anderes machen." Heulend rannte Max hinaus.
„Ganz meine Meinung", sagte Mandy. Aber als sie beide in ihre Zimmer kamen, stellten sie fest, daß jemand schwarzen Sirup auf die Betten gegossen hatte.
„Kann ich noch irgendwas tun?" fragte Emma. „Ich komme mir so nutzlos vor."
Andy schüttelte den Kopf. „Nichts."
„Bist du wirklich sicher?"
„Ja. Wirklich."
„Man müßte aufräumen, aber man weiß überhaupt nicht, wo man anfangen soll", fuhr Emma fort. „Ich kann es immer noch nicht fassen."
Dann ging Emma endlich, und Andy zog die Küchenvorhänge zu, um die Augen der kranken Tiere vor dem Sonnenlicht zu schützen.
„Schlaft jetzt!" sagte sie. Inzwischen war die Presse da und fragte draußen Paps aus, dann gingen ein paar Kameraleute in die Ställe und fotografierten die verletzten Tiere und die tote Mathilda im Stroh. Andy stieg die Treppe zu ihrem Zimmer hinauf und stellte fest, daß alles auf den Boden geworfen, ihr Bett mit Wasser bespritzt und ihr Lieblingsbild zertrümmert worden war. Das war fast zu viel, aber plötzlich wußte sie, daß sie es durchstehen mußten, daß sie kämpfen mußten und nicht aufgeben durften. Sie suchte sich die trockenste Decke heraus, rollte sich zusammen und schlief sofort ein.

Sie träumte von Simon, der zurückgekehrt war, in der Küche zwischen den verletzten Tieren kniete und betete. Es kam ihr vor, als wären nur ein paar Minuten vergangen, als Emma sich über sie beugte und rief: „Nun wach doch endlich auf! Wir gehen jetzt Brommy suchen..."
Andy hatte sich nicht ausgezogen, und es bestand auch keine Notwendigkeit, sich zu waschen, weil Waschen und Kämmen unter diesen Umständen völlig unwichtig schienen, die reine Zeitverschwendung. Max war schon draußen und ölte seine Fahrradkette, seine Augen blinzelten gegen die Sonne. Mam hatte ein Beruhigungsmittel genommen, und ein paar nette Leute aus dem Dorf waren gekommen, um zu helfen.
Mandy hatte das Armband weggeworfen, das ihr Simon geschenkt hatte. Sie hatte es einfach in den Abfluß fallen lassen. Das war ihre Art, Simon und allen ihren Träumen Lebewohl zu sagen.
Emma hatte inzwischen Caspar und Oscar gesattelt.
„Ich nehme das Fahrrad, bin zu schwer für Oscar", sagte Andy. „Mandy ist leichter als ich."
Emma breitete eine Landkarte aus. „Ich schlage vor, daß du hier langfährst, und wir folgen dem Reitweg. Dann treffen wir uns bei den Vier Hufeisen. In Ordnung?" fragte sie und deutete auf die Karte. „Und Max kann die B-Route nehmen."
„Ich kann nicht lange weg, wegen der Tiere. Anne McDonald hat uns eine ganze Liste mit Anweisungen dagelassen. Witzbold und Glöckchen müssen mit Penicillin gefüttert werden, und dann auch noch die verletzten Tie-

re in der Küche. Und sie hat gesagt, daß sie heute abend anruft", sagte Andy.
„Es sind nur zehn Kilometer", sagte Emma.
„Aber da ist er nicht. Begreift ihr das denn nicht?" fragte Andy.
„Wir können doch die Leute fragen. Vielleicht haben sie Simon gesehen", argumentierte Emma.
„Was? Nachts in der Dunkelheit? Auf einem schwarzen Pony?"
„Dann willst du lieber nicht mitkommen?" fragte Emma.
„Ich weiß nicht. Ich weiß nicht, was ich tun soll…" sagte Andy.
„Die Polizei meint, daß es ungefähr ein Dutzend gewesen sein müssen", sagte Emma.
„Seine Bande, nehme ich an", erwiderte Andy traurig.
Zu müde, um noch weiter zu argumentieren, fuhr sie schließlich auf dem Fahrrad mit. Die Sonne schien ihr in die Augen, und wenn sie wackelte, hupten die Autos. Die Schönheit der Landschaft machte sie schwindlig, und von der Hitze bekam sie Kopfschmerzen. Oscar blieb immer wieder stehen und wieherte nach Brommy. An Mandys Handgelenk war ein weißer Streifen, wo das Armband gewesen war. Emma hörte nicht auf, über Simon zu reden, und wie unmöglich das alles schien und daß es eine einfache Erklärung geben mußte. Und Mandy dachte: „Einfach? Wie kann das einfach sein? Was für ein Wort!"
Auf der B-Route trat Max ungeheuer in die Pedale, weil ihnen die Zeit durch die Finger rann und weil er wußte, daß sie Simon nur finden würden, wenn sie schnell genug

waren. Und er wollte Simon finden, nicht nur, weil er wollte, daß er bestraft würde, sondern weil er auch wissen wollte, warum er das getan hatte. Hatte er sie so sehr gehaßt? Sie so beneidet? Es mußte einen Grund geben. Niemand würde ohne Grund so viel zerstören. Er wollte Simon direkt ins Gesicht sehen, in sein klares, glattes, unschuldiges Gesicht und ihn fragen: „Warum?"
Der Weg war von hohem Gras gesäumt, während der Reitweg hart und trocken war und an den Stellen, die im Winter schlammig waren, aufgebrochen war. Niemand hatte Simon gesehen.
„Es ist hoffnungslos, Emma. Siehst du das denn nicht?" fragte Mandy. „Simon könnte inzwischen in London sein — oder sonstwo."
„Und Brommy?" fragte Emma zurück.
„Tot, glaube ich", sagte Mandy langsam. „Und ich habe ihn so sehr gemocht, ihm vertraut. Und die Tiere auch, deshalb ist es ja so ein Schock. Wenn er grausam gewesen wäre und uns gehaßt hätte, wären wir darauf vorbereitet gewesen, aber die Ponys haben gewiehert, wenn sie ihn sahen, und die Enten sind hinter ihm hergerannt. Du glaubst mir das nicht, oder?"
„Doch, ich glaube es dir. Ich habe es ja selbst gesehen", antwortete Emma und sah zwischen Caspars braunen Ohren mit den schwarzen Spitzen wieder Simon, sein ruhiges Gesicht, sein gerades, ehrliches Lächeln, seinen weit ausschreitenden Gang, seine starken Arme, die eine Schubkarre schoben. „Er war zu gut, um echt zu sein", sagte sie.

„Glaubst du das wirklich?" fragte Mandy verunsichert.
„Ja, aber ich will dir was zeigen. Ich habe es heute morgen gefunden und ausgeschnitten", sagte Emma. „Ich habe auf euch gewartet, und da habe ich ein bißchen Detektiv gespielt, und das hier habe ich gefunden. Halt, Oscar. Laß ihn grasen. Sieh mal!"
Es war ein Foto von Simon aus „Pferd und Jagd". Die Bildunterschrift lautete „Simon Johnson wieder Sieger auf Jumbo."
Kein Zweifel, das war Simon, der seine Reitkappe und einen riesigen Silberpokal hielt.
„Das glaube ich nicht!" keuchte Mandy.
Jumbos Mähne und Schweif waren wunderschön geflochten, und er hatte eine Trense mit runden Enden und einen nach vorne schmaler werdenen Sprungsattel. Er hatte Bandagen an den Beinen und gehörte zu den Pferden, die mindestens tausend Pfund kosteten.
„Dann könnte das mit dem Vierspänner also stimmen", grübelte Mandy und gab den Zeitungsausschnitt zurück.
„Ja, offenbar..."
Von Minute zu Minute wurde es heißer, und es wehte kein Lüftchen. Sie wurden von Fliegen belagert. Mädchen in Bikinis lagen auf dem Rasen, und Knirpse tobten im Planschbecken herum.
„Ich habe ihn so sehr gemocht", sagte Mandy wieder, als sie weiterritten. „Was ist denn aus Jumbo geworden?"
„Keine Ahnung."
„Es muß eine Tragödie gegeben haben", meinte Mandy.
„Und er ist eine Waise geworden", vermutete Emma.

„Aber wo steckt er denn jetzt?" wollte Mandy wissen.
„Entführt."
„Aber warum?"
„Keine Ahnung."
Sie konnten jetzt die Vier Hufeisen sehen, niedrig und mit Stroh bedeckt. Die anderen warteten schon, sie waren erhitzt und besorgt.
„Na, Glück gehabt?" rief Max.
„Pure Zeitverschwendung. Ich hab's gleich gewußt", rief Andy. „Und Anne McDonald kann jeden Moment auf der Farm auftauchen."
„Keine Sorge. Tierärzte kommen immer zu spät. Aber seht mal hier", sagte Emma und reichte den Zeitungsausschnitt herum.
Max pfiff durch die Zähne.
„Das ist eine Fälschung", sagte Andy und gab es zurück.
„Das kann nicht sein."
„Aber ich hab's selbst ausgeschnitten. Es ist im letzten August aufgenommen worden, vor einem Jahr", erwiderte Emma.
„Es ist mir völlig egal, wann das aufgenommen wurde", rief Andy. „Ich will nicht mehr an ihn denken. Wir waren so glücklich, bis er aufgetaucht ist. Er hat alles ruiniert. Begreift ihr das denn nicht?"
Sie drehte ihr Fahrrad herum und sagte: „Ich hasse ihn. Dir kann das ja egal sein, er hat ja nicht dein Pony mitgenommen. Du hast ja immer noch Caspar, aber ich habe kein Pony mehr. Wahrscheinlich ist es längst tot und in kleine Stückchen zerhackt. Ich hasse Simon. Ich habe ihn

immer gehaßt. Ich habe ihn von Anfang an bei uns nicht haben wollen. Ich wünschte, Paps wäre niemals aus dem Nahen Osten zurückgekommen. Ich wünschte, der Gemüsegarten wäre immer noch voller Unkraut. Ich hasse ihn, hasse ihn..."
Tränen trübten ihren Blick, als sie in den Pedalen stehend nach Hause raste. Sie haßte das Fahrrad, weil es nicht Brommy war. Sie haßte Emma, weil sie immer noch ihr Pony hatte. Sie haßte Mandy, weil sie Simon immer noch liebte. Sie haßte den Sonnenschein, die geraden Mauern, die hohen Bäume, die Grasränder am Weg — sie haßte alles.

Ein Picknick

Eine der Enten in der Küche war gestorben, die anderen erholten sich langsam. Witzbolds Bein war vom Huf bis zum Kniegelenk geschwollen und sah aus wie eine altmodische Polsterung. Er wollte sich nicht mehr bewegen. Andy gab ihm die richtige Dosis Penicillin, und er hatte eine massive Tetanusimpfung bekommen. Er sah schlapp und jämmerlich aus.
„Er wird's schon schaffen, er leidet noch unter dem Schock", sagte Anne McDonald und strich sich die Locken aus dem Gesicht. „Wißt ihr schon was von dem Jungen?" Andy schüttelte den Kopf.
Die Polizei war wieder da gewesen, aber sie hatte viel zu tun, weil in einem Haus, das keine zehn Kilometer entfernt war, drei Leute erschossen worden waren.
„Da gibt es keine Verbindung", sagten sie, aber wie konnten sie so sicher sein, fragte sich Andy, für die überhaupt nichts mehr sicher war.
Mathilda wurde beerdigt. An ihrem Grab stellten sie ein Kreuz auf, in das sie mit einem Schürhaken, den sie im Ofen rotglühend gemacht hatten, Namen und Todestag einbrannten. Niemand konnte sich zu irgend etwas aufraffen. Beim Anblick von Brommys leerer Box hätte Andy am liebsten geweint. Aber das Leben mußte weitergehen. Die Nachbarn hatten das Haus aufgeräumt, Mam war wieder auf, verstört und mit tränenverschmiertem Gesicht. Die Lokalzeitung machte mit der Nachricht auf,

sogar einige überregionale Tageszeitungen hatten sie übernommen. ATTACKE AUF TIERZENTRUM — Tiere sterben..., so lauteten die Schlagzeilen. Als Mandy sie las, wurde ihr ganz schlecht. Auf einem Foto war die tote Mathilda und auf einem anderen Milly, die ganz klein und wehrlos aussah.

„Ich weiß, daß es schrecklich klingt, aber es wird uns mehr Besucher bringen", verkündete Paps. „Am nächsten Wochenende kommen sie scharenweise, wartet's nur ab."

„Ich finde, wir sollten überhaupt nicht mehr aufmachen", sagte Mandy.

„Ach, sieh mal an! Und woher sollen wir das Geld nehmen, um die Tiere durch den Winter zu füttern, wenn wir die Farm zumachen? Nun nimm mal Vernunft an!" Paps schrie.

„Wir haben nur Oscar für die Ponyritte, die anderen sind zu jung", sagte Andy. „Und wir suchen doch weiter nach Brommy, oder?"

„Aber natürlich", sagte Mam. „Die Polizei sucht auch." Aber taten sie das wirklich, fragte sich Andy. Hatten sie nicht viel zuviel damit zu tun, zu schnell fahrende Autofahrer zu stoppen, Straßenräuber zu jagen und Morde aufzuklären? Im Vergleich dazu zählte ein schwarzes Pony nicht viel. Und war Simon jetzt nicht nur eine weitere Zahl in der Statistik? Nur eine verschwundene Person mehr unter Tausenden. Andy wünschte sich Regen, sie wollte ihn auf die Erde prasseln hören, sie wollte das Krachen fallender Äste hören — sie wünschte sich ein ungeheures Gewitter, das sie alle irgendwie reinigen würde. Dann rief Miss Petrie an, die alte Dame vom Tierasyl ein paar Kilometer entfernt. Von ihr hatten sie Salty, Molly und Brommy.

„Ich habe von Ihrem Unglück in der Zeitung gelesen. Es tut mir so leid", sagte sie zu Mam. „Kommen Sie rüber zu mir. Ich habe ein Highland-Pony, das ein Zuhause braucht, und ich weiß, es würde herrlich zu Andy passen."

„Aber Brommy kommt zurück", schrie Andy, als Mam es ihr sagte. „Er ist nicht tot, ich weiß es, er ist nicht tot."

„Es ist eine weitere Rasse, und unsere Tiere sehen allmählich wirklich etwas dünn aus hier auf dem Gelände", sagte Paps. Und so fuhren sie zum Tierasyl und sahen das Highland-Pony an. Es war schwarzbraun, kräftig und freundlich und hatte eine rosa Nase. „Seine Besitzerin hat ihn sehr geliebt, aber sie ist kürzlich gestorben, und deshalb ist er hier", erkärte Miss Petrie. Das Highland-Pony hieß Kiebitz. Andy ritt auf ihm. Auf seinem breiten Rücken saß man wie in einem Sessel, aber es schritt schön weit aus, hatte wunderbare runde Hufe und ein ehrliches Gesicht.

„Hast du noch das Zaumzeug, Liebes?" fragte Miss Petrie.

„Nur den Sattel."

Sie gab ihnen ein Zaumzeug mit einer Trense mit runden Enden und gummibeschichteten Zügeln. „Paß gut drauf auf, Liebes, die Dinger kosten heutzutage einen Haufen Geld", sagte sie.

Durch den warmen, ruhigen Abend ritt Andy mit Kiebitz

nach Hause. Die Ernte stand jetzt reif auf den Feldern, und in einiger Entfernung wurden Stoppeln verbrannt, wodurch eine große Rauchwolke aufstieg.
Kiebitz ging gleichmäßig, unerschütterlich und unbeeindruckt von Lastwagen und Traktoren, seine schiefergrauen Ohren gespitzt. Aber ihn zu lieben, hieße Brommy betrügen, dachte Andy traurig, als ob man sich ein paar Tage nach dem Tod eines geliebten Menschen in jemand anderen verliebt. Als sie an den Ställen ankam, stand Max da mit einem Eilbrief in der Hand.
„Der ist gerade für dich angekommen", rief er. „Der ist erst gestern aufgegeben worden, aber ich kann nicht erkennen, wo. Von wem kann der nur sein?" Er hielt ihn gegen das Licht und versuchte zu lesen.
„Du hast wohl einen Freund. Wer ist es?" fragte Mandy.
Max nahm Kiebitz und drückte Andy den Brief in die Hand. Ihr Herz fing wie wild an zu klopfen, weil sie sich nicht vorstellen konnte, wer ihr schreiben sollte.
„Nun glotz nicht so, mach ihn auf", meinte Max.
Sie spürte jetzt Max' und Mandys Atem im Nacken. Sie riß den Umschlag auf. Im Brief stand einfach: „Brommy geht es gut. Bitte, bring die Salbe für das Sommerekzem in die Nähe der Försterklause in Adbury. Tut mir leid. Simon."
„Was heißt das denn?" rief Andy. „Warum hat er denn an mich geschrieben?"
„Weil Brommy dir gehört."
„Er versteckt sich offensichtlich. Wo ist denn die Försterklause? Ich hole eine Landkarte", rief Max.

„Vielleicht sollten wir die Polizei informieren", sagte Andy langsam, während sie Kiebitz Sattel und Zaumzeug abnahm. „Sonst dreht Simon vielleicht wieder durch und bringt noch mehr Tiere um."
„Nein, sollten wir nicht", erwiderte Mandy. „Er versteckt sich. Verstehst du das denn nicht? Wir können ihn doch nicht verraten."
„Warum nicht? Für das, was er getan hat, gehört er ins Gefängnis", sagte Andy. „Seht euch doch Witzbold und Milly an. Und die arme Agatha Platschlatsch liegt sterbend in der Küche. Er hat es nicht verdient zu leben."
„Wir wissen doch gar nicht genau, was passiert ist", entgegnete Mandy.
Max breitete die Karte auf dem Betonboden aus. „Da ist es, zwanzig Kilometer von hier. Im Wald", sagte er.
„Morgen könnten wir dahin", sagte Mandy und kaute an den Nägeln.
„Wir lassen einen Brief hier, in dem steht, wo wir sind, und der nicht vor einer bestimmten Zeit geöffnet werden darf. Er kann uns ja nicht allen was antun. Ich fahre mit dem Fahrrad, Max reitet auf Oscar, und du kannst Kiebitz nehmen, Andy."
„Aber sollte er nicht eine Pause haben, um sich einzugewöhnen?" fragte Andy.
„Ja, sollte er, aber er kann nicht", rief Mandy. Manchmal kann man eben nicht alles richtig machen... Ich geh Emma anrufen..."
„Mir ist ganz schlecht", sagte Andy. „Ich habe Angst, und ich weiß nicht, warum."

„Es wird alles wieder gut", tröstete Mandy. „Er kann bestimmt alles erklären, das hab ich im Gefühl. Und da kommt Emma, wie auf Bestellung. Große Neuigkeiten, Emma! Andy hat einen Brief von Simon bekommen... per Eilboten".
„Das glaube ich nicht! Ehrlich?"
„Sieh mal, das ist Kiebitz, ist er nicht süß, Emma? Guck mal, seine Nase, die ist noch rosiger als die von Witzbold", unterbrach Andy, weil sie nicht an Simon und Brommy denken wollte, weil sie Angst hatte zu hoffen, zu träumen und sich vorzustellen, daß alles wieder in Ordnung kommen könnte.
„Kann ich mit euch reiten?" fragte Emma, als Andy für einen Moment ihren Redefluß unterbrach, um Luft zu holen.
„Aber natürlich, so haben wir uns das gedacht", sagte Max. „Wir müssen aber Waffen mitnehmen, nur zur Vorsicht..."
„Waffen? Nein, wir können keine Waffen mitnehmen, nur Pfeifen und so Sachen wie Pfeffer, die wir ihm in die Augen sprühen können, wenn nötig, aber keine Messer oder Pistolen", sagte Emma.
„Und ein Seil, um ihn zu fesseln", sagte Max langsam und sah Simon schon mit auf den Rücken gebundenen Händen, von ihnen nach Hause geschleppt, wie ein Gefangener in einem Westernfilm.
„Wenn wir ihn fangen, rufen wir die Polizei an", meinte Emma.
„Wir können ihn an einen Baum binden", schlug Max

vor, und Mandy versuchte, sich das bildlich vorzustellen.
„Glaubt ihr, daß er die ganze Zeit im Wald gelebt hat, wie Robinson Crusoe?" fragte Max.
„Es klingt fast so", sagte Emma.
„Vielleicht finden wir ihn nicht. Vielleicht finden wir keinen von beiden", grübelte Andy.
„Sag's nicht deinem Vater, Emma, leg nur einen Umschlag hin, auf dem ‚ERST NACH 18 UHR ÖFFNEN' steht. Wir gehen ganz früh los, bevor die Fliegen da sind", sagte Mandy freudig erregt und hatte das sichere Gefühl, daß schließlich doch noch alles gut werden würde.
Sie fingen an, für den Ausflug nützliche Dinge zusammenzusammeln. Max nahm das Messer, daß er von Simon bekommen hatte. Emma fand das Fernglas ihres Vaters und ein paar Meter Seil. Andy steckte eine Dose Pfeffer ein, einige Zehn-Penny-Stücke zum Telefonieren und Papier und Bleistift, während Mandy eine kleine Karte vom Wald machte und Max ein Vergrößerungsglas in die Tasche seiner Reitjacke gleiten ließ. Ihren Eltern sagten sie, daß sie zu einem Picknick ritten. „Das ist so 'ne Art Geheimnis-Tour", logen sie.
„Wenn wir nicht zurückkommen, seht in den Umschlag im Sattelraum."
Mr. und Mrs. Wells sagten nichts, sie waren froh, daß die Kinder endlich aufhörten zu trauern. Emmas Vater sagte nur: „Noch so eine blödsinnige Idee, wann wirst du endlich erwachsen und eine charmante junge Dame?"
„Nie im Leben", sagte sie. „Charmante junge Damen werden geboren, nicht gemacht."

In der Nacht konnte Andy kaum schlafen. Sie stellte sich die ganze Zeit vor, daß Simon wieder durchdrehte, Baumstämme gegen sie schleuderte, sie mit Erdklumpen und mit Kiefernzapfen bewarf. Wie sollten sie ihn nur fangen und fesseln? Wenn sie doch nur die Polizei alarmiert hätten. Sie stellte sich vor, wie die Polizeiautos an den Waldrand führen, Sirenen heulten, Polizisten mit Hunden in den Wald hineingingen und Simon mit Handschellen herausbrachten. Wenn sie sich doch nur gegen die anderen durchgesetzt hätte, sie konnte weder sich selbst noch sie verstehen. „Wenn er uns entwischt und wir ihn nie wiedersehen, dann ist das unsere Schuld, und wir müssen für immer damit leben", dachte sie.
Mandy lag im Bett und dachte, daß er unschuldig sein müsse, und Max sah schon, wie er Simon, der mit den Armen wild um sich schlug, fesselte. „Es wird traurig werden", dachte er, „und Mandy wird heulen, weil sie ihn liebt, aber es muß sein. Dann kann Andy Brommy wiederhaben, und Simon wird irgendwo eingesperrt, damit er nie wieder ein Tier verletzen kann, solange er lebt."
In der Küche wandte sich Brenda Wells an ihren Mann und sagte: „Sie kommen drüber weg, David, sogar die arme Andy ist etwas weniger vergrämt. Wer wohl die Idee mit dem Picknick ausgeheckt hat?"

Im Wald

Sie machten Sandwiches, die sie in eine Provianttasche packten, und steckten genug Geld ein, um sich in der Försterklause etwas zu trinken zu kaufen. Das Seil hängten sie Kiebitz um den Hals. „Das brauchen wir, um die Ponys anzubinden", log Andy, als Mam zum Abschied winkte. Fast hätten sie die Salbe für Brommys Sommerekzem vergessen. Es war wieder ein heißer Tag, zu heiß, dachte Mandy, als sie mit ihrem Fahrrad losfuhr.
„Und laß dich nicht von fremden Männern ansprechen", rief Mam.
„Ich bin ja nicht verrückt", schrie Mandy zurück, und obwohl sie nur Shorts und T-Shirt anhatte, schwitzte sie schon wie wild. Paps arbeitete im Gemüsegarten. Er hatte einen neuen Jungen eingestellt, der aus dem Dorf war und Martin hieß und seit fast einem Jahr arbeitslos war. Er war ziemlich langsam und machte ständig Pausen. Mam hätte diesmal lieber ein Mädchen gehabt, und sie und Paps hatten lange und heftig darüber gestritten, aber Paps hatte gewonnen. Jetzt wäre es ihm lieber gewesen, er hätte das nicht, denn verglichen mit Simon war Martin so langsam wie ein kleines Kind. Mam machte sich daran, die viktorianische Küche auf Hochglanz zu bringen, weil der nächste Sonnabend vor der Tür stand. Von überall her kam das entfernte, monotone Geräusch von Traktoren und Mähdreschern, die die Ernte einbrachten.
„Wenn wir ihn nicht finden, lassen wir auf jeden Fall die

Salbe für das Sommerekzem da", sagte Andy, als sie auf die Straße einbogen.
„Ja, machen wir", stimmte Emma zu.
Oscar konnte mit den größeren Ponys kaum mithalten. Er ging einen schnellen, kurzen Schritt und mußte immer wieder hinterherrennen.
„Gegen elf müßten wir an der Försterklause sein", sagte Emma und sah auf die Uhr. „Mein Vater hat mir fünf Pfund gegeben. Damit kann ich für uns alle was Kaltes zu trinken kaufen, wenn wir hinkommen, und Eis für den Rückweg. Heute beim Frühstück hatte er ausnahmsweise mal gute Laune."
„Wenn wir Simon und Brommy nicht finden, weiß ich nicht, was ich machen soll", meinte Andy.
„Dann versuchen wir es eben weiter", erwiderte Emma standhaft.
„Die Polizei versucht es auch", sagte Max und fiel in Trab, um aufzuholen.
„Brommy muß in einem schrecklichen Zustand sein. Ich darf gar nicht daran denken", sagte Andy auf einmal. „Simon hätte sich sonst nicht gemeldet." Und sie fing wieder an, über Simon nachzudenken, und darüber, was er gesagt hatte. „Wir haben ihn so sehr gemocht", dachte sie, „wir haben uns von seinem Charme blenden lassen." Und sie hörte ihn noch sagen: „Du bist die einzige, die mal eine richtige Reiterin wird, Andy. Für Mandy sind Pferde nicht so wichtig, und Max wird vier Räder haben wollen, wenn er alt genug ist. Emma wird auf die Universität gehen, aber du hast das Zeug dazu, genau wie ich. Du verstehst

sie, sie sind ein Teil von dir. So, wie manche Leute ein Gefühl für den Boden haben, haben du und ich ein Gefühl für Pferde. Nichts kann das ändern, und das merken sie." Und sie hatte gedacht, daß er das ehrlich meinte, hatte ihm nur zu gerne geglaubt. Sie hatte gedacht, daß er sie am liebsten mochte. Und jetzt schämte sie sich, daß sie so leicht auf ihn hereingefallen war. „Wie konnte ich nur so blöd sein", dachte sie.

Der Weg zur Försterklause war sehr weit, weiter, als sie sich vorgestellt hatten. Max dachte beim Reiten über das Tierzentrum nach. Er erinnerte sich daran, daß Paps gesagt hatte, er hätte Zwerg und Riese schon bestellt, so wie man sagen könnte, daß man Möbel bestellt. Riese kam aus einer Brauerei und war mit zweiundzwanzig Jahren zu alt zum Arbeiten. Zwerg war eine Shetland-Zuchtstute, die zu alt für die Zucht war. Beide brauchten ein neues, gutes Zuhause. „Aber sogar mit ihnen fehlt unserem Tierzentrum der Pfiff", dachte Max. „Wir brauchen seltene Rassen und Affen und Tiger, denn Schaukeln und verschiedene Ponyrassen und Ponyritte reichen nicht aus, um Woche für Woche die Massen anzulocken. Wir müssen erweitern oder sterben."

Emma grübelte wieder über Simon nach. Ob sie ihn wohl finden würden? Versteckte er sich wirklich im Wald, und wenn, wovon lebte er? Und wenn seine Komplizen bei ihm waren? Daran hatte niemand von ihnen gedacht! Und wenn sie nun angegriffen würden? Auf ihrem alten Fahrrad war Mandy am verwundbarsten. Emma wünschte sich jetzt, daß sie doch die Polizei alarmiert hätten. Niemand würde die Umschläge, die sie zurückgelassen hatten, vor dem Abend öffnen, und da konnte es schon zu spät sein. Caspar war jetzt schon müde und wollte umkehren. Es wurde immer heißer und die Fliegen immer schlimmer. Aber trotzdem mußten sie etwas tun. Sie konnten den Brief, den Andy bekommen hatte, nicht einfach ignorieren.

Andy sah jetzt wieder auf die Karte. „Wir sind fast da, es sind nur noch rund vier Kilometer", sagte sie.

Es war schon ein Uhr. Im Gras saßen Leute beim Picknick, und sie waren schon an einem Schild vorbeigekommen, auf dem einfach „ZUM WALD" stand. „Im Wald können wir uns leicht verirren", dachte Emma verzweifelt, „und immer im Kreis herumreiten und nicht mehr hinausfinden. Und was ist, wenn wir Simon oder Brommy nicht finden? Und wenn wir nach Hause zurückkommen und es der Polizei erzählen müssen. Würden sie dann nicht sagen: ‚Warum habt ihr uns nicht gleich informiert?'"

Mandy war so erhitzt, daß ihr ganz schlecht war. Noch niemals war sie so weit mit dem Fahrrad gefahren, noch niemals hatten ihr die Beine so weh getan. Schweiß lief ihr in die Augen, und das T-Shirt klebte ihr am Rücken. „Zurück reite ich auf einem der Ponys", dachte sie, „das ist nur fair. Niemand kann von mir verlangen, daß ich beide Strecken radle." Jetzt wußte sie, daß sie Fahrradfahren haßte und daß sie in ihrem ganzen Leben nie wieder auf ein Rad steigen würde. Sie erreichte einen Hügel und das Schild „ZUM WALD."

In der Ferne konnte sie jetzt Hufgeklapper hören und das gleichmäßige Dröhnen eines Flugzeugs am Himmel. Und sie dachte an Simon, der sich zwischen den Bäumen versteckte. Wie ging es ihm da? Was aß er? Schämte er sich jetzt? Oder hatte er schon vergessen, was er angerichtet hatte? Wie fühlte man sich, wenn man verrückt geworden war? Bestand er tatsächlich aus zwei Personen, wie Mam gemeint hatte, als sie gestern nacht an ihrem Bett saß? Eine Jekyll-und-Hyde-Person hatte sie das genannt, nach einem Buch von Robert Louis Stevenson, was Mandy daran erinnerte, daß Mam noch vor einem knappen Jahr in einer Bücherei gearbeitet hatte, damals, als Paps arbeitslos war. Seitdem hatte sich das Leben so verändert, daß es nicht mehr wiederzuerkennen war.
Jetzt erreichte sie den Gipfel des Hügels und sah unter sich kilometerweit Wald, einen Baum neben dem anderen wie ein großes dunkles Meer, und Getreide, das sich in der Sommerbrise bewegte wie ein grünes und braunes Meer. Der Himmel über ihr blieb ruhig und wolkenlos.
„Wir finden ihn nie", dachte sie und starrte in den Wald. „Wir sind den ganzen Weg umsonst gekommen."
Die anderen hatten inzwischen die Försterklause erreicht. Sie saßen ab und lockerten die Sattelgurte, während Emma hineinging, um etwas zu trinken zu besorgen. Der Parkplatz war voller Touristen, und um sie herum war Wald, dunkel und geheimnisvoll, mit kleinen Hinweisschildern auf verschiedene Wege und darauf, daß Hunde an der Leine zu führen seien und daß man seinen Abfall mit nach Hause nehmen solle.

Trotz der Hitze zitterte Andy. „Sind das die Nerven, überlegte sie, „oder bin ich krank?"
Dann kam Mandy auf dem Fahrrad an. „Mir ist so heiß", stöhnte sie. „Ich bin halb tot. Nur daß ihr's wißt, zurück fahre ich mit dem Ding nicht."
Kleine Kinder tätschelten die Ponys, und ein Hund bellte wie wild aus einem Autofenster heraus... Und als sie so standen, umgeben von dichtem Wald, verließ sie alle Hoffnung. Sie tranken Bitter Lemon, während die Ponys im Kies scharrten und die Sonne wie Feuer vom Himmel brannte.
„Im Wald ist es kühl", sagte Emma.
„Wo sollen wir die Salbe lassen?" fragte Andy.
„Unter dem Pfahl mit dem Pub-Zeichen", antwortete Max und wünschte sich sehnlichst, daß er sich nicht auf so eine hoffnungslose Unternehmung eingelassen hätte.
„Und was machen wir als nächstes?" erkundigte sich Mandy.
„Wir gehen in den Wald."
„Aber hier sind ja dutzende Wege. Und was machen wir mit dem Fahrrad?"
„Das müssen wir hierlassen. Ich laufe", bot Andy an.
„Er könnte überall sein", sagte Emma verzagt und brachte die Gläser zurück in die Bar, deren gebeizte Holztäfelung alt aussehen sollte, offensichtlich aber nicht älter als zehn Jahre war... Sie zogen die Sattelgurte wieder an. Andy legte die Salbe an das Schild, das einen Förster darstellte. Das Fahrrad lehnten sie an die Garage des Gastwirts. Mandy stieg auf Oscar und ließ die Steigbügel hinunter.

„Du hättest lange Hosen anziehen sollen. Deine Beine werden nachher völlig zerstochen sein", meinte Emma.
„Und wir hätten die Ponys tränken sollen", sagte Andy.
„Und wir hätten zu Hause bleiben und die Polizei informieren sollen", fügte Max hinzu.
„Oder unsere Eltern", sagte Andy.
„Ihr gebt zu schnell auf", meinte Emma.
Im Wald war es ruhig. Die Bäume standen in ordentlichen Reihen. Die Wege dazwischen waren fest, und wenn Andy auch ein Pony gehabt hätte, hätten sie hin und wieder einen kurzen Galopp einlegen können.
„Wir müssen auf Hufabdrücke achten", schlug Max vor und holte sein Vergrößerungsglas aus der Tasche.
„Seht doch mal! Da sind ja schon welche", sagte Emma.
„Ich glaube immer noch, daß er unschuldig ist", verkündete Mandy.
„Du natürlich wieder!" fuhr Max sie an.
„Ich weiß, es klingt schrecklich, aber ich glaube, er ist verrückt", rief Andy und rannte, um aufzuholen.
„Mam glaubt das auch", sagte Mandy.
Max sah wieder die verletzten Tiere vor sich — Agatha sah so verstört aus in ihrem Pappkarton in der Küche. Mathilda tot. Witzbold leckte sein geschwollenes Bein und konnte nicht verstehen, was mit ihm passiert war. Die kleine Milly, das Fohlen, mit einem mehrere Zentimeter langen Schnitt in der Schulter. Der zerstörte Gemüsegarten. Mam, die wie ein Kind weinend am Küchentisch saß.
„Und ich hasse ihn doch", sagte er heftig. „Ich werde ihn immer hassen. Er kann als Entschuldigung vorbringen,

was er will, es wird nicht ausreichen. Ich werde ihm niemals verzeihen, was er für ein Unglück angerichtet hat."
"Aber wenigstens lebt Brommy noch, und das ist ja auch schon etwas", sagte Emma.
"Aber wir wissen nicht, in welchem Zustand. Vielleicht hat er Wundstarrkrampf oder eine Blutvergiftung. Das wissen wir nicht, oder?" fragte Max.
"Ich bin so müde", dachte Andy. "Wenn ich doch nur nicht hergekommen wäre. Wenn ich doch nur zu Hause geblieben wäre und mich um die Tiere gekümmert hätte. Ich hasse diesen Wald, er nimmt kein Ende. So lange ich lebe, werde ich Bäume nicht mehr leiden können."
Und dann sahen sie den Rauch — eine dünne Rauchfahne in einiger Entfernung zu ihrer Rechten...
"Das könnte sonstwer sein, es muß nicht unbedingt er sein", sagte Mandy und stopfte ihre blonden Haare fest unter den Reiterhut.
"Nein, nicht unbedingt", stimmte Andy zu und fing vor Spannung an zu zittern.
"Es könnte ein richtiges Feuer sein, ein Waldbrand", rief Mandy dramatisch, denn sie waren an Dutzenden von Schildern vorbeigekommen, die vor der Waldbrandgefahr warnten.
Automatisch hielten sie an, und die Ponys waren froh, einen Moment ausruhen zu können. Andy lehnte sich an einen Baum. "Weiter vorne waren Besen — Reisigbesen", sagte sie.
"Und Feuerbarrieren", fügte Max hinzu.
"Ich werde führen, weil ich die Älteste bin", sagte Emma

und trieb Caspar mit Schenkeldruck durch die Bäume.
„Wenn irgendwas Schreckliches passiert, spring hinter mir auf, Andy. Caspar kann uns beide tragen", fügte sie noch hinzu.
Sie folgten einem schmalen, gewundenen Pfad, wahrscheinlich einer Kaninchenspur, und nur ab und zu wehte der Rauch über ihren Weg.
Entweder war das ein kleines, spontanes Feuer oder der Beginn eines wirklichen Waldbrandes. „So oder so, das ist beängstigend", dachte Andy und rannte wieder, um aufzuholen. Die Bäume änderten sich, sie wurden weniger ordentlich, weniger kultiviert, wilder. Sie sahen den Himmel, überall waren Insekten und der Geruch von Thymian. Andy rannte jetzt die ganze Zeit, sie war überhaupt nicht mehr müde. Plötzlich wollte sie nur noch Brommy wiedersehen. Und dann hörten sie ein Wiehern. Der Pfad wurde breiter. Emma zischte ihnen zu: „Aufpassen, Kaninchenlöcher." Es war nur etwas lauter als ein Flüstern. Alle hatten sie Herzklopfen, und die Ponys merkten es, hoben den Kopf und machten längere Schritte. Kiebitz raste los, und Oscar warf den Kopf hoch und fing an zu galoppieren, um mitzuhalten.
„Wartet auf mich", rief Andy leise. „Bitte, wartet doch auf mich."
Dann bellte ein Hund, und sie rochen brennendes Holz. Und alle fühlten, wie die Hoffnung wiederkam, warm und angenehm.
„Macht euch auf alles gefaßt", flüsterte Emma. Sie sah über die Schulter wie ein General, der seine Truppen

überblickt. Und sogar die Fliegen waren jetzt anders, sie waren kleiner und schneller.
„Wie Jagdflugzeuge im Vergleich zu Bombern", dachte Max. In der Luft war ein ständiges Summen von Insekten, die Necktar sammelten. Sie duckten sich unter Ästen durch. Sie hoben den Kopf und waren jetzt auf einer Lichtung voller Thymian, mit riesigen Ameisenhügeln, die aussahen wie uralte Monumente, und knorrigen Apfelbäumen, die wie verarmte Leute ums Überleben kämpften, und mit einer riesigen Menge wilder Blumen — und da war Simon!
Er stand da und wartete auf sie, aufmerksam wie ein in die Ecke gedrängtes Tier stand er hinter einem kleinen Feuer, das von einem Ring aus Steinen umgeben war und über dem eine offene Konservendose mit Bohnen hing. Gypsy stand neben ihm, die Bürste war über den gesamten Rücken gesträubt.
„Habt ihr die Salbe mitgebracht?" fragte er nach einer Weile. Andy sah Brommy, er war an einen Baum gebunden und hatte eine Decke auf dem Rücken. „Die Fliegen bringen ihn um", fuhr Simon fort. „Wo ist die Salbe?"
„Wir haben sie bei der Försterklause gelassen", sagte Andy. „Und wir nehmen Brommy mit nach Hause."
„Und dich auch", sagte Max.

Simon gesteht

„Ich habe ihn immer mit einer Decke zugedeckt, aber trotzdem geht es ihm verflucht schlecht", sagte Simon und sah Andy direkt ins Gesicht. „Deshalb muß ich die Salbe haben." Brommys Schwanz schlug die ganze Zeit, und Andy konnte erkennen, daß er oben ganz offen war. Plötzlich hätte sie am liebsten geweint, nicht nur wegen Brommy, sondern überhaupt, wegen all der enttäuschten Hoffnungen und verlorenen Illusionen, aber am meisten wegen Simon.
„Die Salbe bringt jetzt auch nichts. Er muß in den Stall, weg von den Mücken und dem Gras", sagte sie und fragte sich, wie jemand einem so gerade in die Augen sehen und gleichzeitig so unehrlich sein konnte.
„Du kannst nicht einfach so tun, als ob nichts passiert wäre", sagte Max. „Mathilda ist tot und eine Ente auch, und die anderen sterben vielleicht auch noch. Mam hat stundenlang geweint, und Witzbold wird wahrscheinlich nie wieder gesund. Damit kommst du nicht durch, Simon. Wir nehmen dich mit zurück, und du kommst vor Gericht und dann ins Gefängnis. Da gehörst du nämlich hin."
„Ich war es nicht", antwortete Simon, und er sah sehr verletzt aus. „Ich habe Mathilda geliebt. Ich habe die Pony-Farm geliebt. Ich sage euch, ich war es nicht."
„Das Seil, ich brauche das Seil", schrie Max. „Wir haben genug von seinen Lügen."
„Warum bist du dann hier, wenn du es nicht gewesen

bist, Simon?" fragte Emma und wickelte das Seil langsam von Kiebitz' Hals.

„Weil sie auch hinter mir her waren, weil ich nicht mit ihnen allen fertig werden konnte", antwortete Simon.

„Schon wieder die reine Erfindung", versetzte Max.

Mandy konnte nichts sagen. Schon der bloße Anblick von Simon machte sie stumm. Sie wollte ihn so gerne hassen, aber tief in ihrem Innern hatte sie ihm schon vergeben. „Ich bin schwach", dachte sie, „und nutzlos. Warum kann ich ihn nicht hassen, so wie Max?"

Max fesselte ihn jetzt. Simon hielt die Arme auf den Rücken. Er hatte Tränen in den Augen. Andy wollte an diesem Ritual keinen Anteil haben, es war wie eine Szene aus einem Cowboy-Film. Sie hielt Oscar, wandte die Augen ab und dachte: „Ich möchte nach Hause und vergessen, daß das alles passiert ist, die Uhr zurückstellen auf die Zeit, bevor Simon kam."

„Also dann, soll er Brommy reiten oder laufen?" fragte Emma.

„Laufen natürlich. Andy kann Brommy reiten", meinte Max.

„Ich laufe auch", sagte Andy.

„Ich sage euch, ich habe niemanden getötet und nichts zertrümmert. Ich schwöre es", beteuerte Simon.

„Wir glauben dir nicht mehr", versetzte Emma brutal. „Du hast ganz offensichtlich gewartet, bis die Wellsens weg waren und dann mit deinen Komplizen deine Zerstörungswut ausgetobt."

„Und warum bin ich dann nicht mit ihnen abgehauen?

Ich hätte doch leicht auf einem der Motorräder mitfahren können", sagte Simon. „Dann würde ich mich jetzt mit ihnen verstecken."
„Halt den Mund! Das kannst du alles dem Gericht erzählen", meinte Max. „Alle fertig?"
Emma führte wieder. Simons Hände waren fest auf den Rücken gebunden, und Emma und Max hielten jeder ein Ende des Seiles, mit dem er gefesselt war. Es war ein trauriger Anblick, dachte Andy, zu traurig, um sich daran erinnern zu wollen. Sie wollte das alles am besten so schnell wie möglich vergessen. Wie betäubt ging sie durch den Wald.
Mandy wünschte sich, daß sie zu Hause geblieben wäre. Wenn sich Simon gewehrt und eine Schlägerei angefangen hätte, dann wäre es anders gewesen, dachte sie. Dann hätte sie ihn vielleicht hassen können, aber er sah nicht schuldig aus, und er war so dünn geworden, fast nicht wiederzuerkennen.
„Wir haben das Feuer nicht ausgemacht." Simon blieb plötzlich stehen. „Und es muß ausgemacht werden, sonst steht morgen der ganze Wald in Flammen."
„Ich mach das", sagte Mandy und drehte mit Kiebitz um.
„Trampel drauf, es muß wirklich völlig aus sein", rief Simon hinter ihr her.
Also warf sie Erde auf das glühende Holz und trampelte darauf herum, dann legte sie die Steine auf die ganze Feuerstelle. Wo Brommy angebunden gewesen war, war die Erde festgetreten, und unter einem Baum war das Gras platt. Da mußte Simon geschlafen haben. Und über-

all Fliegen! Mit dem Verlöschen des Feuers schienen viele alte Träume zu sterben.
„Bist du sicher, daß es vollständig aus ist?" fragte Simon, als sie die anderen wieder eingeholt hatte.
„Ja." Sie konnte ihn nicht ansehen, sie blickte nur auf die braune Erde zwischen den Bäumen im Wald, der überhaupt nicht aufzuhören schien, wie ein endloser Ozean. Und sie konnte sich nicht verstehen, fand keine Worte, um auszudrücken, was sie fühlte.
„Wie schlimm steht es um Witzbold?" fragte Simon einen Augenblick später.
„Du glaubst doch wohl nicht, daß wir dir das erzählen — ausgerechnet dir?" fragte Emma.
Es war schon ziemlich spät, sie alle spürten es. Bald würden ihre Eltern die Umschläge aufmachen, die sie zurückgelassen hatten, ins Auto springen und zur Försterklause rasen. Emma sah auf die Uhr. „Wir sollten uns beeilen", sagte sie.
Zwischen den dicht stehenden Bäumen kam eine leichte Brise auf, während es in der Ferne wie Gewehrfeuer donnerte. Andys Beine taten weh, und die Decke auf Brommys Rücken rutschte ständig hinunter.
„Deine Version der Geschichte wirst du uns sowieso nicht erzählen können", sagte Max zu Simon. „Weil du die Nacht dort verbringst, wo du hingehörst — in einer Zelle." Simon sah aus wie ein geprügelter Hund, und Andy fand das das Traurigste von allem. Jetzt hatten sie den breiten Weg erreicht und die Schilder, die zum PICK-NICK-GELÄNDE führten, zu den TOILETTEN und

PARKPLÄTZEN, den GRÜNEN ROUTEN und BRAUNEN WEGEN, zu all den kleinen Schmuckstücken der Zivilisation. Der Himmel war dunkel und bedrohlich. Dann wurde das Donnern lauter, die Blitze kamen näher, und es fing an zu gießen. „Ich hasse Wälder", dachte Andy, „bis in alle Ewigkeit werde ich sie hassen."
Eine dicke Frau mit zwei kleinen Hunden kam eiligst angerannt, und ein Mann mit Brille und einer komischen Mütze rief: „Ihr werdet naß werden. Beeilt euch. Hört auf, hier Cowboy zu spielen, stellt euch lieber unter..., sonst werdet ihr noch vom Blitz getroffen." Der nächste Donner war so nah, daß sogar die Bäume zu zittern schienen. Mandy, die sich immer vor Gewitter gefürchtet hatte, versuchte, die Fassung zu bewahren. Andy wäre am liebsten losgaloppiert, um sich in einer Scheune unterzustellen und Simons Version von der Geschichte anzuhören... Gypsy war jetzt ganz dicht neben ihm, sie hatte den Schwanz zwischen die Beine geklemmt und sah viel kleiner aus, weil sie Angst hatte... Der Regen wurde immer dichter und heftiger, so daß die Pferde den Kopf senkten, um sich gegen ihn zu schützen.
„Wir sollten lieber warten, bis es aufhört", sagte Emma. „Draußen muß es noch viel schlimmer sein."
Simon ergriff seine Chance und sagte: „Ich war es nicht. Ich habe Feinde, von früher, und die tauchten auf Motorrädern auf. Das sind Typen, die ich vor zwei Jahren verraten habe. Das wollen sie mir heimzahlen, sie hatten Messer. Ich hab's versucht, aber ich konnte nicht gegen alle fünf ankommen.

Schließlich blieb mir nichts anderes übrig als abzuhauen, sonst hätten die mich zerstückelt und euch vor die Tür gelegt. Man kann seiner Vergangenheit nicht entgehen — es geht nicht, man glaubt, man kann es, aber es geht nicht. Man kann es versuchen, aber sie ist immer da, ein falscher Schritt, und man ist sein ganzes Leben lang gebrandmarkt. Irgendwer hat mal gesagt, daß alte Sünden lange Schatten werfen, und das ist wahr. Als ich fünfzehn war, habe ich etwas getan, was ich nie loswerde, weil mich die anderen doch finden..."
Er hielt mühsam die Tränen zurück, seine Stimme wurde von einem gewaltigen Donner verschluckt, und Mandy fand, daß es glaubhaft klang..., so könnte es gewesen sein.
„Und deshalb hast du Brommy geklaut und bist abgehauen? Du erwartest doch wohl nicht, daß wir dir das glauben?" fragte Max voller Verachtung.
„Nein, ich erwarte nicht, daß du irgend etwas glaubst, aber trotzdem ist es so."
„Die Wellsens haben für dich getan, was sie nur konnten..., wirklich alles..., und das hast du ihnen dafür angetan", sagte Emma.
„Ruhe!" brüllte Andy. „Jetzt haltet mal alle die Luft an! Laßt ihn gefälligst ausreden!" Es war, als ob jemand anders sprach, stärker und sicherer als sie, und sie erinnerte sich wieder daran, wie Simon gesagt hatte: „Du und ich, wir sind gleich, beide lieben wir Pferde", und sie dachte: „Es ist wahr, und ich weiß, wie er sich jetzt fühlt, wie sehr er verletzt ist, wie allein und hoffnungslos er sich tief drinnen fühlt."

„Ich war so gerne auf der Pony-Farm. Ich habe euch alle gern gehabt. Ich konnte mich nicht einmal entscheiden, wen ich am liebsten mochte. Ihr wart alle so nett. Und ich habe Angst gehabt, euch von meiner Vergangenheit zu erzählen, weil ich dachte, daß ihr mich dann haßt", fuhr Simon fort. Und Mandy dachte, wie merkwürdig es war, hier unter dunklen Bäumen in diesem wildfremden Wald zu stehen und Simons Geständnis anzuhören, während die Ponys auf ihrem Gebiß herumkauten und ihnen der Sturm um die Ohren tobte.

„Ich hätte es euch erzählen sollen, aber ich habe es immer wieder verschoben. Jeden Tag habe ich gedacht, heute abend erzähle ich es ihnen, aber dann hab ich wieder gekniffen, und der nächste Tag kam, und ich habe es wieder verschoben", sagte Simon.

„Hör auf zu labern und komm endlich zur Sache", verlangte Max verärgert.

„Nun laß ihm doch Zeit", meinte Mandy.

„Wißt ihr, früher hatten wir Pferde, eine ganze Menge, und auch sonst so ziemlich alles. Ein großes Haus und das Neueste vom Neuen: Videorecorder, Computer und so, piekfeine Autos und einen Swimmingpool. Was immer man sich vorstellen kann, wir hatten es. Ich war sogar auf einer Privatschule."

„Und du hast Jumbo geritten", unterbrach Emma.

„Ja. Mein Vater hatte seinen Vierspänner und meine Mutter ihren Alkohol und Modeschauen. Und ich hatte keine Ahnung, hab nie darüber nachgedacht, woher das Geld kam. Über Geld wurde nie gesprochen. Mein Vater ging

jeden Morgen weg wie die meisten Väter, manchmal kam er erst nach ein paar Tagen wieder, und manchmal besprach er zu Hause mit seinen Kollegen irgendwelche sogenannten Projekte. Dann eines Tages, bei einem Reitturnier, als ich gerade einen Wettbewerb gewonnen hatte, kam die Polizei und nahm meinen Vater mit, einfach so..., keiner konnte mehr den Transportwagen nach Hause fahren... nur noch ich und Jumbo..." Tränen liefen jetzt über Simons Gesicht. Andy guckte weg. Der Donner wurde leiser, der Regen dünner, die Blitze schwächer... Sie sahen das Turniergelände vor sich, Simon mit Jumbo, den Transportwagen mit hintergelassener Rampe.
„Alles Geld war weg, wir hatten nichts mehr... oder eher, alles gehörte in Wirklichkeit irgendjemand anderem, und mein Vater kam ins Gefängnis. Da ist er immer noch. Seine sogenannten Kollegen waren Kriminelle, die Projekte stellten sich als Verbrechen heraus, alles, was man sich nur vorstellen kann, Raub, Einbruch, Nötigung..."
Andy wollte sich die Ohren zuhalten, wie sie es getan hatte, als sie klein war und das Ende einer grausigen Geschichte nicht hören wollte.
„Meine Mutter brach zusammen, sie wollte sogar mich nicht mehr sehen, wollte alles vergessen. Ich glaube, sie hat gedacht, daß ich da auch mit drinstecke. Und da bin ich ausgerastet, bin Mitglied einer Bande geworden, hab angefangen zu klauen... und Häuser zu verwüsten. Ich konnte nicht aufhören... Eines Tages dann haben die anderen jemanden wirklich verletzt, und plötzlich habe ich begriffen, was aus mir geworden war. Ich habe alles ge-

standen. Zuerst hat die Polizei gedacht, daß ich spinne, aber dann haben sie mir geglaubt..., den Rest könnt ihr euch denken. Die anderen waren älter als ich und mußten ein paar Jahre sitzen. Jetzt sind sie wieder draußen... Es ist eine miese Geschichte. Ich sollte euch damit nicht belästigen. Ihr braucht mich nie wiederzusehen. Ich weiß, was ihr denken werdet..." Simon war naß bis auf die Haut. „Ich werde friedlich hingehen, wohin sie mich auch schicken, weil es wirklich nicht mehr drauf ankommt, was aus mir wird. Ich habe meine Chance gehabt, und ich habe sie vermasselt."
„Ja, hast du", sagte Max.
„Und wie!" fügte Emma hinzu.
„Ruhe jetzt!" rief Andy. „Seid doch zur Abwechslung mal nicht so gemein. Simon hat alles erklärt. Er hat gestanden und gesagt, daß es ihm leid tut."
Sie setzten sich wieder in Bewegung. „Ich hasse diesen Wald", sagte Mandy. „Ich hasse Wälder überhaupt, sie sind dunkel und undurchsichtig."
„Alte Wälder sind toll, sie sind schön. Nur die neuen Wälder aus Tannen und Fichten sind langweilig, sie sind zu ordentlich", sagte Simon.
„Es hat keinen Sinn, jetzt so zu tun, als ob nichts passiert wäre, als ob alles einfach so vorbeigeht", sagte Max. „Mathilda ist tot, und du bist schuld."
Jetzt konnten sie die Försterklause sehen. Auf dem Rastplatz daneben tranken Touristen Tee aus Thermosflaschen. Die Sonne kam wieder heraus, das Gras funkelte, und auf der Straße glänzten die Pfützen. Andy ging zum

Pub-Zeichen und holte die Salbe, die immer noch da lag.
„Ist das alles wirklich passiert", dachte sie. „Sind das wirklich wir, die hier mit dem gefesselten Simon zur Försterklause gehen oder reiten? Und was passiert jetzt? Muß er ins Gefängnis? Werden wir gegen ihn aussagen müssen?"
Plötzlich schien nichts mehr sicher. Nur der Augenblick, nur die Tatsache, daß sie Brommy zurückhatte und daß Simon wieder bei ihnen war, schuldig oder nicht, war sicher. Die Zukunft war so unsicher wie das Wetter, denn bald war die Sonne weg, und es konnte sonstwas folgen.
„Ich sehe unser Auto", rief Mandy. „Sieh mal, da drüben, oben auf dem Hügel. Prima, jetzt muß ich nicht den ganzen Weg in Shorts zurückreiten."
„Es tut mir leid, Simon", sagte Andy. „Das haben wir nicht gewußt, und wir haben auch nicht gedacht, nur einfach angenommen, daß du es gewesen bist. Wie lange hast du dich versteckt?"
„Ich weiß nicht, seit dem Abend wohl. Es war so heiß, da hab ich kaum was zu essen gebraucht. Und außerdem gab's da einen Haufen Blaubeeren."
Mandy hüpfte auf und ab, winkte und rief: „Wir haben sie, wir haben Simon und Brommy."
Paps parkte das Auto. Er sah müde aus, als er ausstieg.
„Die Polizei hat angerufen. Sie haben die anderen Burschen geschnappt", sagte er. „Du kommst besser mit mir, Simon."
„Aber er ist unschuldig. Er hat uns gerade die ganze Geschichte erzählt", sagte Andy.
„Darüber sprechen wir später. Steig ein, Simon. Brenda,

verriegle die Tür. Und ihr reitet direkt nach Hause, ohne zu trödeln, verstanden?" rief Paps.
„Aber ich will auch mitfahren. Und was soll ich mit dem Fahrrad machen?" schimpfte Mandy.
„Vergiß das Fahrrad", rief Paps aus dem Autofenster und fuhr davon.
„Aber er ist unschuldig", sagte Andy langsam.
„Glaubt ihr das denn wirklich?" fragte Max.
„Ja", antwortete Mandy.
„Wir haben uns noch nicht einmal verabschiedet, und vielleicht sehen wir ihn nie wieder", sagte Andy und stieg von einer Bank auf Brommy. „Das ist alles so traurig. Und wo ist Gypsy? Sie ist nicht mit ihm ins Auto gestiegen. Wir können sie doch nicht einfach im Wald lassen."
Sie fingen an, Gypsy zu rufen, ritten zurück in den Wald und riefen immer wieder: „Gypsy, Gypsy, Gyp, Gyp." Andy versuchte, Simons Pfiff nachzumachen. Und Mandy wechselte auf Brommy, weil sie die Steigbügelriemen an Kiebitz' Sattel an den Beinen kniffen. Langsam und unbemerkt kroch das Zwielicht in den Wald.
„Wir sollten jetzt lieber nach Hause reiten, los Beeilung, es sind wenigstens zwanzig Kilometer, und wir haben kein Licht", sagte Emma und guckte plötzlich zum Himmel.
„Aber wir können Gypsy doch nicht hierlassen", wandte Mandy ein.
„Doch, können wir, sie ist ja nicht unser Hund", bemerkte Max.
„Ich konnte dich mal gut leiden, Max, aber jetzt nicht

mehr. Du bist wirklich ziemlich widerlich", sagte Andy.
„Ja, genau das ist er", stimmte Mandy zu und beugte sich vor, um Brommy zu tätscheln.
„Er denkt nur praktisch. Wir können schließlich nicht die ganze Nacht hier bleiben", schnappte Emma.
„Warum denn nicht?" fragte Mandy spitz.
„Gyp, Gyp, Gypsy, wo bist du?" rief Andy, aber mit jeder Sekunde wurde ihre Stimme schwächer.
„Um zwei Uhr früh ist es vielleicht sogar sicherer nach Hause zu reiten. Habt ihr daran schon mal gedacht?" fragte Mandy.
Aber schließlich entschlossen sie sich doch zurückzureiten, und bei der Försterklause stießen sie auf Emmas Vater, der in seinem Auto saß. Das Fahrrad ragte hinten aus dem Kofferraum heraus. „Was glaubt ihr eigentlich, was ihr hier um diese Zeit verloren habt?" tobte er. „Seid ihr wahnsinnig geworden, oder was?"
„Wir haben Gypsy verloren", sagte Mandy.
„Gypsy?" brüllte er und dampfte in seinem Anzug.
„Simons Hund", erklärte Andy.
„Und wo ist der Junge? Eingesperrt, hoffe ich", schimpfte Mr. Whittington. Sein Geschrei veranlaßte einen Mann aus dem Pub, sich einzumischen. „Nun mal ruhig. Das sind doch nur Kinder. Es ist doch nicht ihre Schuld, wenn der Hund weggelaufen ist. Sie geben sich doch alle Mühe, wissen Sie, es sind doch nur Kinder..."
„Verschwinden Sie! Überlassen Sie das mir", erwiderte Mr. Whittington rüde. „Ich regle das auf meine Art."
„Wir reiten jetzt sowieso nach Hause. Wir bleiben auf

dem Gras, und außerdem scheint der Mond, sieh mal", sagte Emma, die offensichtlich an die Ausbrüche ihres Vaters gewöhnt und überhaupt nicht beeindruckt war. „Jetzt mach nicht so viel Lärm um nichts. Wir sind in zwei Stunden zu Hause." Damit klapperte sie die Straße entlang und rief den anderen über die Schulter zu: „Achtet gar nicht auf ihn. Er ist oft so. Er hat nur wieder einmal seine Launen."
„Ich fühle mich schrecklich, das ist alles so traurig", jammerte Andy, als sie Emma eingeholt hatte. „Armer Simon. Arme Gypsy. Was sollen wir nur tun?"
„Nichts. Laß das die Polizei machen, die können Gypsy suchen", sagte Emma. „Ihr müßt doch euer Tierzentrum gleich wieder aufmachen. Ihr könnt es euch nicht leisten, noch mehr Zeit mit Simon und seinem verdammten Köter zu verplempern."
„Ich kann, und ich werde", brüllte Mandy und hüpfte auf dem ungesattelten Brommy auf und nieder.

Er könnte unschuldig sein

„Wo ist Simon?" fragte Mandy.
Endlich waren sie zu Hause. Sie hatten die Ponys versorgt und waren vom Gyp, Gyp, Gypsy-Schreien ganz heiser.
„Bei der Polizei", antwortete Paps.
„Und was passiert jetzt?" fragte Andy.
„Das ist nicht unsere Sache."
Alle waren niedergeschlagen. Andy fragte sich, ob sie wohl jemals die ganze Wahrheit erfahren würden.
„Wenigstens ist Brommy wieder da", sagte Max.
„Ihr geht jetzt alle ins Bett. Morgen ist ein anstrengender Tag", meinte Paps.
„Haben wir denn schon Freitag?" erschrak Andy.
„Ja, und es ist noch kein Teegebäck gebacken", rief Mam.
„Ich muß morgen um sechs aufstehen."
„Brommy fällt für die Ponyritte aus, sein Ekzem geht über den ganze Rücken. Es sieht schrecklich aus", meinte Andy.
„Wir müssen ihn verstecken, sonst meldet uns noch jemand beim Tierschutzverein", sagte Max.
„Was hat dir Simon erzählt, Paps?" fragte Mandy.
„Nicht viel."
„Er hat geweint und ich auch", antwortete Mam. „Es war ein furchtbarer Tag. Warum passiert so etwas? Aber wenigstens geht es einer Ente besser. Heute nachmittag ist sie in der Küche rumgewatschelt und hat tatsächlich dreimal gequakt."

„Es war eine Bande. Eine Bande ist gekommen und hat versucht, Simon umzubringen", sagte Mandy.
„Ich glaube, wir müssen jetzt alle ins Bett. Ich glaube nicht, daß wir weiter über Simon reden sollten", sagte Paps. „Morgen fangen wir neu an. Am besten vergessen wir, was passiert ist. Und jetzt ab ins Bett. Verzieht euch."
„Und was ist mit Gypsy?" fragte Mandy.
„Die Polizei wird sie schon finden."
„Eben nicht. Sie suchen sie ja nicht einmal", sagte Mandy.
„Du weißt genau, daß sie sie nicht suchen."
„Irgend jemand wird sie finden."
„Sie hat aber keine Marke am Halsband."
„Dann rufen sie die Polizei an."
Sie hatten die Sandwiches gegessen, ohne zu merken, was sie aßen, und Milch getrunken, weil Mam zu müde war, um irgend etwas anderes vorzubereiten. Aber es mußte alles weitergehen, morgen mußten sie fit sein, auch wenn das Zaumzeug nicht geputzt war. Mam gab allen einen Kuß. „Schlaft gut", sagte sie. „Morgen sieht alles anders aus. Und wenigstens ist Brommy zurück, und den kranken Tieren geht es schon wieder besser. Seht es mal von der positiven Seite. Es gibt immer ein paar dunkle Flecken..."
„Bis er gekommen ist, war ja noch alles in Ordnung", murrte Max, als er die Treppe zu seiner Mansarde hinaufkletterte.
Später in der Nacht hörte Andy ein Winseln, ging nach unten und fand Gypsy, die an der Hintertür kratzte. Sie sah müde und erschöpft aus. Sie stand in der Küche und

sah sich nach Simon um. Andy stellte ihr eine Schale Milch hin und machte einer Dose Hundefutter auf, die Simon gekauft hatte. Und obwohl sie wie wild fraß, horchte sie die ganze Zeit auf Simon. Sie fraß nur, um zu überleben, bis sie Simon finden würde.

„Er kommt zurück, du wirst ihn wiedersehen", sagte Andy. Im Schlafanzug kniete sie auf dem Boden, und die Tränen liefen ihr übers Gesicht. „Bestimmt, Gypsy, ich verspreche es dir." Aber sie wußte, daß sie log und daß Gypsy ihn wohl nie wiedersehen würde. Dann ging Gypsy zur Tür und wollte nach oben in Simons Zimmer. „Er ist nicht da", sagte Andy, brachte sie aber trotzdem nach oben und ließ sie bei Simons wenigen Habseligkeiten. Sie legte sich auf sein Bett. Am nächsten Morgen lag sie immer noch da und wartete. Paps brachte sie in den Verschlag mit dem Drahtgitter oben drauf, in dem die Dachse gewesen waren, während Andy Brommys Rücken mit der Salbe gegen das Sommerekzem einrieb, von der Mähne bis zum Schwanz. Etwas von der Salbe kam ihr in die Augen und brannte.

Mandy wischte über den roten Harnisch und holte den Wagen heraus.

Max stellte den Tisch in seiner Hütte auf und bereitete alles für die ersten Besucher vor. Mam war beim Backen. Paps fütterte die Tiere und fegte die viktorianische Küche aus. Martin arbeitete im Gemüsegarten und steckte an die Pflanzen die falschen Schilder, so daß sich die ersten Besucher beklagten. An den Artischocken stand Spargel, an den Erbsen Schnittlauch und an den Sauerkirschen

Italienischer Wein. Gypsy saß heulend in ihrem Verschlag, und die Leute meinten, daß sie ihre Jungen bekäme und einen Tierarzt bräuchte. Obwohl Emma ihnen eine große Decke für Brommy geliehen hatte, war sein Hals immer noch offen. Und obwohl sie ihn mit Fliegenspray eingesprüht hatten, belagerten ihn die Fliegen, so daß Andy schließlich die obere Stalltür auch schloß und ein Schild anbrachte, auf dem stand KRANKES PFERD — BITTE NICHT STÖREN. Sie nahm Kiebitz und Oscar für die Ponyritte, aber beide waren müde und störrisch. Es war mühsam, sie dazu zu kriegen, sich zu bewegen, geschweige denn zu traben, und das mit kreischenden Kindern auf dem Rücken, die niedliche Kleidchen trugen, weiße Söckchen und Sandalen, oder sogar Bikinis.

Glücklicherweise kamen an diesem Tag weniger als sechzig Leute, und so konnten sie früh zumachen, sich in die Küche setzen, die Beine hochlegen und Tee oder Kaffee trinken.

„Morgen werden es mehr sein, am Sonntag ist das immer so", sagte Paps.

„Mrs. Arben bringt sechs Backbleche Teegebäck", sagte Mam, „und ich habe noch eine Menge Sahne. Sobald sie reif sind, müssen wir Blaubeeren pflücken. Marmelade ist so teuer, und je mehr Blaubeermarmelade wir kochen, desto mehr Geld können wir sparen."

„Wenn wir morgen nur nicht aufmachen müßten", sagte Mandy.

„Da sind noch die Tierarztrechnungen — es gibt keinen Gesundheitsdienst für Tiere, wie ihr wißt", sagte Paps.

„Wir können es uns nicht leisten zu schließen, obwohl es mir auch lieber wäre, das muß ich zugeben."
„Geld", dachte Andy, „immer nur das liebe Geld."
Aber obwohl sie über den vergangenen Tag sprachen und über den nächsten, dachten sie alle an Simon. Es war, als ob er da wäre und sie die ganze Zeit beobachtete. Sie konnten ihn nicht aus dem Kopf bekommen, konnten nicht aufhören, an ihn zu denken. Warum nur?
„Glaubt ihr, daß wir ihn jemals wiedersehen?" fragte Mandy schließlich.
„Von wem sprichst du?" fragte Paps, obwohl er es sehr genau wußte.
„Simon natürlich. Simon und Gypsy", sagte Mandy.
„Gypsy wird wieder ganz in Odrnung sein, wenn sie erstmal ihre Jungen hat", meinte Paps.
„Glaubst du wirklich? Heute abend wollte sie nichts fressen. Ich hab alles versucht", entgegnete Andy.
„Dafür können wir nichts", erwiderte Max.
„Noch nicht einmal Milch."
„Warum rufen wir nicht die Polizei an?" fragte Mandy.
„Weshalb denn?"
„Simon."
„Bist du verrückt?" fragte Paps. „Das geht uns nichts an."
„Du könntest eine Nachricht für ihn hinterlassen, schreiben, daß Gypsy bei uns ist", sagte Andy.
„Für diesen Burschen rühre ich keinen Finger mehr."
„Er könnte unschuldig sein", meinte Andy.
„Ich habe ihm vertraut, und jetzt traue ich ihm nicht mehr. So einfach ist das", sagte Paps.

„Müssen wir denn immer noch über ihn reden?" fragte Max.

Später schlenderte Andy über den Hof und erinnerte sich daran, wie die Tiere Simon geliebt hatte. Die Ponys wieherten ihr zu, aber sie hatten auch gewiehert, wenn Simon kam... Brommy ging es besser. Auf seinem Rücken hatte sich eine Kruste gebildet, die am Morgen abgewaschen werden mußte. Witzbolds Bein wurde wieder dünner, Millys Wunde heilte, die Fäden würden sich bald aufgelöst haben. Kiebitz graste unter den Bäumen, er war kräftig und freundlich. Die kleinen Hindernisse, die Simon gebaut hatte, warteten ebenso wie das Dressurgelände auf der Oberen Wiese darauf, wieder benutzt zu werden. Simon hatte ihr mehr über Pferde beigebracht, als sie je für möglich gehalten hatte. Sie verstand sie jetzt wie nie zuvor. Sie konnte jetzt auch richtig reiten, wußte über die korrekte Beinhaltung Bescheid, wußte, wie man auf dem Hufschlag und auf dem Zirkel reitet. Er hatte die Fähigkeit, direkt auf den Punkt zu kommen und sofort den Grund für die Fehler herauszuarbeiten. Er war der geborene Lehrer und trotzdem ein Krimineller, wie es schien. Gypsy lag winselnd in ihrem Verschlag und wartete auf ihn. Für sie zählte nur er. „Wie wird das wohl werden, wenn sie ihre Jungen hat", überlegte Andy. Ob die wohl für sie zählen würden? Es war jetzt ganz still, so still, daß sie die Ponys grasen hören konnte und das Geraschel der Vögel in den dichten, dunklen Hecken, das sanfte Knarren der großen alten Bäume, die schon länger als sie da waren.

Was wohl aus Jumbo geworden war, fragte sich Andy, als sie zum Haus zurückging. Hatten sie ihn verkauft, um die Schulden zu bezahlen? Und der Vierspänner? Und wie hatte Simon die Trennung verkraftet? War das nicht wirklich genug, um einen Fünfzehnjährigen zur Verzweiflung zu treiben? Hätten sie ihm nicht doch besser zuhören sollen? Und was würde jetzt wohl mit ihm passieren? Konnte es sein, daß ihm nicht mehr zu helfen war? Gab es keine Hoffnung mehr für ihn? Bei dem bloßen Gedanken fing Andy an zu weinen. Und was sollte aus Gypsy werden?

Sie ließ Brommys obere Stalltür offen, nahm die Decke weg und gab ihm einen Gutenachtkuß. Die Enten quakten leise in ihrem Entenhaus, und auf dem Teich schwammen ein paar Wildenten. Der Sommer würde bald vorbei sein. Sie hatte auf Turnieren reiten und bei Gymkhana-Spielen mitmachen wollen, aber wäre das ohne Simons Hilfe jetzt noch möglich? Wer würde jetzt die Kartoffeln halten und die Tore aufstellen? Irgendwie mußten sie versuchen, ohne ihn auszukommen.

„Andy, wo bist du?" rief Mam. „Zeit, ins Bett zu gehen."
Aber sie wollte nicht ins Bett gehen, wollte nicht von Simon träumen, wie er im Gefängnis saß oder mit gefesselten Händen dastand. Sie hatte Angst zu schlafen, Angst, daß sie Gypsy winseln hören würde, Angst zu träumen, wie Simon sein Leben im Gefängnis vergeudete.

„Komm rein, das Badewasser ist heiß", rief Mam.
Als ob ein Bad etwas ändern würde, als ob nur etwas Zeit nötig wäre, um den Aufruhr in ihren Köpfen zu entwir-

ren. Es schien Jahre her zu sein, seit Simon gekommen war, dabei waren es eher Wochen als Monate, fast nur Tage. Warum hatte er sie alles so beeindruckt? Die Nacht war klar. Morgen würden die Kirchenglocken über die ruhigen Wiesen klingen.
Jetzt rief Paps: „Andy, komm sofort rein. Es ist schon fast halb elf."
Mandy lehnte sich aus dem Fenster und versuchte, die Sterne zu zählen.
„Glaubt ihr, daß er im Gefängnis ist, in einer Zelle?" fragte Andy und blinzelte in die Küche.
„Natürlich nicht. Er wird nur verhört", sagte Mam. „Mach dir keine Sorgen, Simon ist durchaus in der Lage, auf sich selbst aufzupassen."
„Und was wird mit Gypsy?" fragte Andy.
„Wenn hier nochmal jemand diesen verdammten Hund erwähnt, drehe ich durch", kreischte Paps. „Geh jetzt ins Bett. Morgen früh sieht alles anders aus. Und sagt mir nicht, daß wir zumachen sollen, weil ich die Leute nicht wegschicken kann. Ein Bus mit Rentnern aus den Midlands kommt morgen, und die haben sich schon vor Monaten angemeldet."

Vielen Dank für alles

Am Sonntag regnete es. Andy hielt die Ponys und wartete. Emma meinte: „Es kommt doch niemand. Warum gibst du nicht einfach auf?"
Der Himmel war dunkel und grau. Max saß in seiner Hütte und sah zu, wie die Regentropfen auf den Asphalt klatschten, der neu und schwarz war und irgendwie nicht hierherpaßte. Die Bäume waren tropfnaß, und die Äste bogen sich unter dem Gewicht der nassen Blätter. Die Rentner kamen in einem knallroten Bus an und sangen altmodische Lieder.
Die Besucher wollten mehr Sahnetees und blieben länger in der viktorianischen Küche als sonst, nahmen alles in die Hand und stellten es wieder hin, obwohl Paps einen wunderschönen Kupferstich gemacht hatte, auf dem BITTE NICHT BERÜHREN stand.
Mandy half Mam, und plötzlich haßte sie die Besucher, die das Gebäck in sich hineinstopften, die Zigarettenasche auf den Boden fallen ließen, die Marmeladenkleckse auf ihren Tellern ließen und denen der Tee zu stark oder zu schwach war. Aber sie wußte genau, daß sie sie nur haßte, weil Simon weg war und sie sich elend fühlte.
Gypsy wollte nichts fressen. Sie winselte jämmerlich und sehnte sich nach Simon. Paps meinte, daß sie darüber wegkommen würde, daß das bei Hunden so wäre, aber Andy glaubte ihm nicht. Sie wußte, daß Gypsy an gebrochenem Herzen sterben würde und daß nur Simon das

verhindern konnte. Später kamen noch viele Busse, und die Leute wollten die verletzten Tiere sehen, denen es jetzt schon viel beser ging. Sie stellten Fragen über die schreckliche Nacht, die die Wellsens lieber vergessen hätten. Aber dann kam die Sonne heraus, und plötzlich glitzerte alles.

„Gypsy wird sterben. Das ist euch doch klar, oder?" fragte Andy, als sie hineingingen, nachdem die letzten Besucher gegangen waren. Die hatten so lange herumgetrödelt, bis Max ihnen drohte, das Tor zuzumachen und sie einzuschließen.

„Sie wird es schon schaffen", sagte Paps, der gar nicht richtig zugehört hatte, sondern mit Max das Geld zählte.

„Sie hat den ganzen Tag nichts gefressen. Können wir nicht die Polizei anrufen?" bat Andy.

„Nicht am Sonntag", sagte Paps.

„Wir müssen etwas tun", sagte Mandy. „Wenn sie stirbt, verzeiht uns Simon das nie."

„Er sollte überhaupt keinen Hund haben", meinte Paps. „Das sind hundertvierzig Pfund, Max. Gut gemacht."

„Und die Sahnetees bringen nochmal neunzig Pfund", sagte Mam.

„Das ist Tierquälerei", beharrte Mandy.

„Wir sollten Anne McDonald holen", fügte Andy hinzu.

„Man kann einen Hund nicht zwangsernähren", entgegnete Paps.

„Wir könnten sie an den Tropf hängen. Wißt ihr, so wie im Fernsehen, eine hübsche Krankenschwester hält ihn immer", sagte Max.

„Versucht's mal mit Traubenzucker. Irgendwo habe ich noch welchen", schlug Mam vor.
Also lösten sie Traubenzucker in Wasser auf und versuchten, Gypsy mit einem Löffel zu füttern, aber sie weigerte sich, die Schnauze zu öffnen, und hielt die Zähne fest zusammengebissen. Ihre Augen waren trüb und ihr Fell stumpf. Sie schien durch sie hindurchzusehen, in die Weite, sie suchte und wartete auf Simon.
„Sie ist so dünn", schluchzte Andy.
„Morgen holen wir Anne Mcdonald, ob Paps das nun will oder nicht", meinte Max mit schmalen Lippen.
„Ich fühle mich schrecklich", sagte Mandy. Ich muß immer denken, daß wir Schuld haben, wir haben Simon im Stich gelassen."
„Jetzt fang nicht an zu spinnen", schimpfte Max. „Das ist alles seine eigene Schuld."
Witzbold wurde versorgt. Er war immer noch lahm. Paps hatte ein Schild gemalt mit der Aufschrift VERKAUF VON OBST UND GEMÜSE. FRISCHE EIER. Wenn die Kuh erstmal da war, wollte er SAHNE dazuschreiben.
Sie lehnten am Tor und schauten den Pferden zu. Die Wolken am Himmel sahen aus wie zerbrochenes weißes Geschirr, mit ein paar blauen Flecken dazwischen. Die Dunkelheit kam jetzt früher, bald würde der Sommer vorbei sein. Die Blätter an den Bäumen veränderten schon ihre Farbe, bald würden sie zu einem großen goldenen Teppich herabfallen...
Sie hörten ein Auto halten, eine Stimme „Danke" rufen und dann schnelle Schritte. Die Stimme kannten sie,

aber sie trauten ihren Ohren nicht. Dann stand er plötzlich neben ihnen und fragte: „Es tut mir leid. Habt ihr Gypsy gesehen?"
Und Max sagte: „Ich dachte, du bist im Gefängnis."
Und Simon sagte: „Nein, diesmal nicht. Ich bin frei."
Er sah ganz anders aus, nicht mehr gehetzt und mißtrauisch, sondern wirklich frei.
„Sie ist hier. Aber sie frißt nicht. Du kommst gerade rechtzeitig", rief Mandy mit klopfendem Herzen. „Sie ist zurückgekommen, weil sie dachte, daß du hier bist."
„Wir haben gesucht und gesucht", rief Andy, als sie zum Stall rannten. „Sie ist nur hier drin, damit sie nicht wieder wegläuft", sagte Andy.
Simon nahm den Draht vom Verschlag, sprang hinein und kniete sich neben Gypsy. Sie leckte ihm die Hände, das Gesicht, jedes Stückchen von ihm, daß sie erreichen konnte. Und dabei machte sie ein seltsames Geräusch, halb Winseln, halb Schluchzen.
„Ich hole ihr was zu fressen", rief Andy und rannte ins Haus.
„Er ist wieder da!" schrie sie und stürzte in die Küche.
„Wer?"
„Wer wohl? Simon natürlich!" Sie schnappte sich eine Milchflasche, rannte wieder raus und verschüttete dabei etwas von der Milch.
Sie sahen zu, wie Gypsy schlabberte, ganz langsam wie eine Lady, die auf einer Party zierlich ihren Tee trank.
„Wie geht's denn so?" fragte Simon und sah sich um.
„Ganz gut", sagte Mandy plötzlich ganz schüchtern.

„Die Polizei war toll", sagte Simon. „Sie haben meine Mutter gefunden."
„Deine Mutter?"
„Ja. Sie ist in Schottland, schon seit einem Monat. Sie hat wieder geheiratet und wohnt in der Nähe einer großen Reitschule. Ich gehe dorthin, es ist schon alles geregelt. Ich werde mein Examen machen und Reitlehrer werden. Ihr könnt uns besuchen, wenn es euch recht ist natürlich", sagte er. „Und mit etwas Glück finden mich meine alten Kumpane da nicht."
Sie ließen Gypsy draußen im Stall und gingen zusammen zum Haus.
„Hier, Andy, das ist für dich", sagte er. „Das Programm für ein Turnier am Mittwoch. Da gibt es auch eine Menge Gruppen und Wettbewerbe bei den Gymkhana-Spielen, bei denen ihr mitmachen könnt. Ihr seid noch nicht zu spät dran. Ihr könnt alle teilnehmen."
„Typisch Simon", dachte Andy, „sogar in seinen dunkelsten Stunden denkt er an uns."
Sie nahm das Programm. „Das ist nur sechs Kilometer entfernt, da könnt ihr leicht hinreiten. Ich wäre gern dabei, aber da bin ich schon in Schottland", sagte er.
Sie machten für Gypsy ein Bett neben dem Ofen in der Küche. Sie war sehr schwach, so schwach, daß sie kaum stehen konnte, aber wenigstens fraß sie wieder etwas, wenn auch nur in ganz kleinen Häppchen, als ob sie vergessen hatte, wie man das macht.
„Wo ist denn deine Mutter die ganze Zeit gewesen?" fragte Mam.

„Sie hatte einen Nervenzusammenbruch. Der Mann, den sie geheiratet hat, war ihr Arzt."
„Wie romantisch", sagte Mam ohne jeden Sarkasmus, sie meinte es wirklich so.
„Da bist du ja jetzt reich", staunte Mandy.
„Bin ich nicht. Ich will arbeiten", sagte Simon und nippte an seinem Kaffee. „Soll ich jetzt gehen? Ich kann auch irgendwo anders schlafen, wenn Ihnen das lieber ist..."
„Sei nicht albern, du bleibst hier", sagte Mam.
„Morgen abend fährt mein Zug von King's Cross", sagte er.
„Dann kannst du den Bus vom Dorf aus nehmen, morgen früh um zehn."
Paps schloß jetzt mit dem großen Schlüssel die Hintertür ab und legte den Riegel vor.
„Ich glaube, ich sollte jetzt packen", meinte Simon.
Andy konnte kaum noch die Augen offenhalten. Mandy sah ständig auf ihr Handgelenk und überlegte, wann Simon wohl merken würde, daß ihr Armband weg war. Und Max erinnerte sich, daß er Simon gefesselt hatte und verabscheute sich dafür.
„Dann bis morgen früh. Und vielen Dank für alles." Simon ging und ließ sie allein. Gypsy folgte ihm nach oben, steif wie ein alter Hund. Kurz darauf gingen sie alle ins Bett. In der Nacht hatte Gypsy eine Frühgeburt, die vier Jungen waren alle tot. Simon beerdigte sie unter einem Apfelbaum, ohne jemandem etwas zu sagen. Am Morgen würde Gypsy einen Tierarzt besuchen, und dann mußte sie mit ihm auf die Reise gehen oder auf der Pony-Farm an ge-

brochenem Herzen sterben. Eine andere Möglichkeit gab es nicht, und Simon wußte das genau. Aber so war das Leben, und jetzt konnte er auch akzeptieren, daß es manche Dinge gab, die unausweichlich waren. Jetzt konnte er sogar seinem Vater vergeben und verstehen, daß seine Mutter ihn vergessen hatte. Irgendwie war in den letzten Tagen die Bitterkeit in ihm verschwunden. Er legte den Spaten weg und ging wieder ins Bett. Gypsy lag dicht neben seinem Bett, erschöpft, aber sie schlief.
Am nächsten Morgen gingen sie alle mit Gypsy zum Tierarzt, saßen im Wartezimmer und lasen die Plakate an den Wänden, die sehr eindringlich vor Husten, Würmern und Tollwut warnten. Simon ging mit Gypsy hinein, aber man konnte sehen, daß es ihr schon viel besser ging, und als sie wieder herauskam, lächelte Simon. Und jetzt mußten sie nur noch Aufwiedersehen sagen. Sie standen an der Kreuzung beim Dorf und warteten auf den Bus, der Simon für immer wegbringen würde. Das Gras stand hoch und war trocken, die Gärten rundum strahlten in ihrer Blumenpracht.
„Wir haben so viel von dir gelernt", sagte Mandy.
„Es tut mir leid, daß ich dich gefesselt habe", entschuldigte sich Max leicht stotternd.
„Meinst du, daß sich Gypsy wieder erholt?" fragte Andy.
„Wo ist denn dein Armband?" fragte Simon Mandy.
„Ich habe es verloren", sagte sie.
„Ich werde dir ein neues schicken."
„Nein, wirst du nicht", entgegnete Mam. „Hör auf, uns Geschenke zu schicken."

„Bei den Gymkhana-Spielen werden wir an dich denken", sagte Andy.
„Schreibt mir, wie es war. Hier ist meine Adresse."
„Und die Telefonnummer", sagte Mandy.
Jetzt schien die Sonne. „Wenn Gypsy noch mal Junge hat, wollen wir eins haben, mein Sohn", sagte Paps.
„Ich werde dran denken, Sir", erwiderte Simon und kritzelte etwas auf ein Stück Papier.
Jetzt sahen sie den Bus. Simon hob die Hand und nahm dann sein einziges Gepäckstück. „Ich werde den Wald nie vergessen", sagte er. „Niemals, solange ich lebe."
Jetzt wußten sie alle nicht, was sie sagen sollten, und nachher tat es ihnen um alles leid, was sie nicht gesagt hatten. Andy hatte einen Kloß im Hals, und Mandy wischte sich ein paar Tränen aus den Augen. Mam sagte: „Alles Gute." Und Paps hielt den Daumen in die Höhe und sagte: „Bis dann."
Gypsy kletterte hinter ihm in den Bus, immer noch steif und dünn, und Andy dachte, sie wird ihm folgen, bis sie tot umfällt. Er machte das Fenster auf und rief: „Ich wünsche dir viele Rosetten, Andy. Und vielen Dank für alles."
Der Bus trug seine Stimme davon, und sie standen etwas verloren da und guckten hinterher.
„Das war's dann wohl. Nach Hause", sagte Paps. „Mir ist jetzt nach einer guten Tasse Tee."
„Und mir ist jetzt nach Weinen", erwiderte Mam. „Ich weiß auch nicht, warum."

Die Gymkhana-Spiele

„Wir müssen beim Gymkhana glänzen. Das sind wir Simon schuldig", sagte Andy am nächsten Tag und stellte die Tore auf. „Es gibt da genügend Klassen für uns. Wenn es euch recht ist, melde ich mich mit Kiebitz für das Springen an."
„Nur, wenn ich ihn beim Slalom reiten kann", sagte Mandy.
„Gemacht", stimmte Andy zu.
Max sicherte sich Oscar für das Sackrennen, ein Wettreiten zur Musik, bei dem es darum ging, einen Sack vom Boden aufzuheben, sobald die Musik zu spielen aufhörte. Für das Kartoffelrennen meldeten sie sich alle an. Emma kam und hielt die Kartoffeln. Sie meinte, daß sie für solche Spiele schon zu alt sei und daß sie mit Caspar nur beim Springen teilnehmen würde und vielleicht in der Klasse für kleinere Pferde, aber nur, wenn keine Meister dabei wären.
Niemand sprach davon, aber sie alle vermißten Simon. Sie wußten noch, was er immer gesagt hatte, und so rief Max: „Beug dich runter, bevor du die Kartoffel in den Eimer wirfst, schön sachte, und jetzt drehen und zurück, nicht anhalten."
Und Andy rief: „Achte auf die Säcke, wenn du umdrehst, entscheide dich rechtzeitig für einen!"
„Raus aus den Steigbügeln, bevor du anspringst", rief Mandy zu Emma.

Dann sprangen sie und benutzten dabei die Hinternisse, die Simon gebaut hatte. Andy erinnerte sich daran, daß sie ihn zu Anfang nicht gewollt hatte, und Mandy sah immer wieder auf den weißen Streifen an ihrem Handgelenk, wo das Armband gesessen hatte.
Emma trainierte sie jetzt. Sie rief Sachen wie: „Benütz deine Schenkel mehr. Du mußt gerade aufs Hindernis zureiten, nicht schräg, du Dummkopf. Das war nichts. Noch mal von vorn. Beug dich früher vor. Achte auf deine Haltung."
Aber alle wußten, daß sie mit Simon nicht zu vergleichen war. Am nächsten Abend putzten sie das Zaumzeug. Sie nahmen Kiebitz, Brommy und Oscar, so daß jeder ein Pony hatte. Brommys Ekzem war noch nicht ganz abgeheilt, und die Hälfte seiner Mähne war weg. Oscar mußte gründlich gewaschen werden, und der Schweif von Kiebitz war von oben bis unten ein wirres Knäuel von Ringellöckchen.
Am nächsten Tag mußten sie allein losreiten, weil Paps darauf wartete, daß Zwerg und Riese eintrafen, und Mam Marmelade kochte. Sie standen um sechs Uhr auf, striegelten die Ponys noch einmal, Andy flocht Kiebitz und Emma flocht Caspar, sie stachen sich in die Finger, bluteten und verloren unzählige Nadeln im Stroh. Aber schließlich waren sie fertig. Emma sah sehr gut aus in ihrer schwarzen Jacke mit Kragen und Krawatte, sie trug lange schwarze Stiefel, und sie hatte eine neue Reitkappe und Lederhandschuhe. Lange, bevor sie am Ort des Geschehens ankamen, fing das Geflecht von Kiebitz an, sich

aufzulösen, aber Andy fand, daß nichts in der Welt das Gefühl der Wichtigkeit zerstören konnte, das sie hatte, als sie zum Turnier ritt. Sie hatte fast die Hoffnung aufgegeben, daß es jemals dazukommen würde, aber jetzt war es so weit. Und selbst wenn sie keine einzige Rosette gewinnen würde, war es trotzdem wie ein Wunder.
Mandy hätte gern so eine schwarze Jacke wie Emma gehabt. Sie trug ein kariertes Hemd und eine Krawatte von Paps, ihre Secondhand-Stiefel waren alt und ihre Reithose altmodisch. Max dachte, daß er nächstes Jahr zu alt für Oscar sein würde, und wen würde er dann reiten? Die Sonne schien auf sie herunter, die Fliegen um die Köpfe der Ponys summten und surrten.
Das Turniergelände war voller Pferdetransportwagen.
„Erwartet nicht, daß ihr irgendwas gewinnt. Vergeßt nicht, daß ihr zum ersten Mal teilnehmt, und die meisten der anderen machen das, seit sie laufen können", warnte Emma. „Und hütet euch vor den Mammis und Pappis, die sind schlimmer als ihre Brut."
„Was soll denn das heißen?" fragte Max.
„Das soll heißen, daß es das Wichtigste für sie ist, daß ihre entzückenden Kleinen gewinnen und daß sie bis zuletzt um jede heruntergefallene Kartoffel und um jedes geworfene Tor kämpfen werden. Aber wir sollten jetzt rein. Meine Gruppe startet in zehn Minuten in Ring Eins. Das Ponyreiten ist in Ring Zwei, Andy. Und halte Abstand!"
Kurz darauf fand sich Andy mit der Nummer 22 am Arm und fünfzehn anderen Ponys in Ring Zwei wieder und versuchte, sich an alle Tips zu erinnern, die Simon ihr ge-

geben hatte. Jetzt hätte sie doch gern eine neue Reitkappe gehabt, und wenn sie nur besser flechten könnte! Sie vermißte Simon sehr, denn der hätte gewußt, was jetzt zu tun wäre. Er hätte das Huföl mitgebracht, sich um das Geflecht gekümmert, und beim Absatteln hätte er Kiebitz die Sattelmarken vom Rücken gewischt und seine Mähne geglättet.

Sie wurde als Zehnte aufgerufen, und als sie etwas vorzeigen sollte, sprang sie mit Kiebitz über einige Hindernisse, die sehr günstig standen. Als schließlich die Rosetten verteilt wurden, erreichte sie den vierten Platz und bekam eine grüne Rosette. Sie ritt mit den Siegern eine Runde durch den Ring, und die ganze Zeit dachte sie, daß Simon sich freuen würde, während Max und Mandy wie wild Beifall klatschten. Für das Springen hatten sie nicht genug Erfahrung, aber sie nahmen alle am Slalom teil, und Mandy gewann eine rote Rosette. Emma wurde Dritte in ihrer Gruppe und war ziemlich sauer auf den Schiedsrichter, weil das Pony des Gewinners ein Martingal, einen besonderen Zügel getragen hatte, was gegen die Regeln war. Und dann begannen die Gymkhana-Spiele.

Da entdeckte Mandy Mam und Paps, die am Zaun standen und etwas verloren aussahen. Bevor sie mit Kiebitz auf den Platz ritt, deutete sie auf ihre Rosette. Max sah seine Eltern auch, winkte aber nicht, weil er voll auf den Wettkampf konzentriert war. Er blieb bis zur letzten Runde dabei, als nur noch er und ein dickes Mädchen auf einem Rotschimmel um den letzten Sack kämpften, der noch auf dem Boden lag. Als die Musik aufhörte, stieß er,

wie er es trainiert hatte, die Steigbügel weg und sprang vom Pferd, als ob sein Leben davon abhinge — und hatte gewonnen.
Alle waren höchst zufrieden.
Mandy stand auch nicht zurück, sie wurde Zweite im Kartoffelrennen, und Andy wurde Dritte beim Torlauf. Inzwischen nahm Emma am Zeitspringen teil, schnitt die Ecken und galoppierte im Finish. Und dann plötzlich war das Turnier vorbei. Mam und Paps gratulierten ihnen und kauften für alle Eis, dann ritten sie nach Hause mit den Rosetten am Zügel und durchlebten jeden Augenblick noch einmal.
Für Andy war dies der schönste Augenblick überhaupt, der langsame Ritt nach Hause, mit dem Sonnenuntergang und dem Himmel in Rot und Gold und dem Bewußtsein, etwas erreicht zu haben, sich gut geschlagen zu haben, oder wie es Emma ausgedrückt hatte: „Für das erste Mal habt ihr ganz schön abgeräumt."
Den Ponys hatte es auch Spaß gemacht, sie liefen, trabten und schüttelten die Köpfe. Emma redete von künftigen Turnieren, wenn sie das Springen gewinnen und bei allen Gymkhana-Wettbewerben den ersten Platz belegen würden. Es klang, als ob es möglich wäre, aber Andy wußte genau, daß nichts so einfach war, und sah sie alle schon durch den langen Winter hindurch die Ponys schulen. Sie würden Hindernisse bauen und einen Dressurplatz anlegen und dem Pony-Club beitreten. Schließlich sahen sie die Pony-Farm im Sonnenuntergang vor sich liegen, und Andy wußte, daß alles so bleiben würde, noch

lange, nachdem sie alle tot und vergessen sein würde, ein Stück England, das die Zeit nicht zerstören konnte. Kaninchen waren draußen im Gras, und als sie noch näher kamen und die jungen Ponys das Geräusch der Hufe hörten, wieherten sie, und die Esel schrien. Mam und Paps warteten am Tor und riefen: „Wir haben schon gedacht, ihr kommt gar nicht mehr. Los, beeilt euch und seht euch Zwerg und Riese an. Sie sind wirklich niedlich."

Andy dachte, wie glücklich sie alle hier waren und daß die Pony-Farm und seine Bewohner viel wichtiger waren als ordentliches Geflecht und schwarze Jacken. Plötzlich tat ihr Emma leid, die allein mit ihrem Vater in einem Haus lebte, in dem man Angst hatte, sich hinzusetzen, aus Furcht, daß ein Stück Stroh auf den Boden oder ein Haferkorn auf einen Stuhl fallen könnte.

Max trabte mit Oscar los. „Wo sind sie?" rief er.

„Sollen sie wirklich Zwerg und Riese heißen?" fragte Mandy, die selten mit etwas zufrieden war. „Das klingt so blöd."

Mit schmerzenden Beinen stiegen sie ab. Klein und schwarz reckte Zwerg seine Nase über die Stalltür, während Riese so massiv war, daß der Eingang zu seiner Box kaum für ihn ausreichte. Er war auch schwarz und hatte drei weiße Fesseln mit Fesselhaaren bis zum Boden.

„Sie sind phantastisch, Mr. Wells", sagte Emma. „Ein Glück aber, daß ich diese Fesseln nicht pflegen muß."

„Die Lokalzeitung will sie fotografieren, sie wollen etwas über sie bringen. Das ist bestimmt nicht schlecht fürs Geschäft," sagte Paps.

Sie versorgten die Ponys, während sich die Dämmerung über die Landschaft senkte. Eine Weile lehnten sie noch am Tor und durchlebten noch einmal jede Minute der Wettrennen. Dann rief Mam aus dem Fenster: „Simon ist am Telefon. Beeilt euch. Es ist ein Ferngespräch."
Sie rannten ins Haus und berichteten alle nacheinander von ihren Erfolgen. Alle außer Emma, die etwas abseits stand, weil sie Simon oft gehaßt hatte und sich jetzt schuldig fühlte. Nachdem er ihnen gratuliert hatte, erzählte er, daß es Gypsy gut ginge. „Ich werde euch nie vergessen", sagte er. „Aber es ist wirklich toll hier, und mit meinem Stiefvater verstehe ich mich auch gut. Ich kann hier richtig reiten, und im Herbst werde ich an einem Punkterennen teilnehmen. Aber ihr fehlt mir."
Und das fand Andy am allerschönsten — daß sie ihm fehlten.
Später machte Paps eine Flasche Wein auf, und sie stießen alle auf Simon und die Ponys an. Dann tauchte Emmas Vater auf — er hatte einen Anzug an — und suchte Emma. Er trank auch ein Glas Wein.
„Shetland-Ponys sind jetzt in. Sie sollten Zwerg vorführen, mit ihm könnten Sie eine Menge Geld gewinnen."
Und Andy fand es traurig, daß er immer nur an Geld dachte. Sie sah sich in der Küche um und dachte an all die Dinge, die viel mehr zählten, wie ein gemütliches Zuhause, nette Freunde und ein ruhiges Gewissen.
Mandy war in Gedanken bei Partys. „Wir könnten in der Scheune eine feiern", dachte sie, „aber dann müßten wir erst das ganze Heu und Stroh rausholen."

Max dachte daran, daß sie bald wieder aufmachen würden. Es mußte alles weitergehen. Er überlegte, welche Tiere sie als nächstes anschaffen und wo sie sie unterbringen würden. Als ob Paps seine Gedanken gelesen hätte, sagte er: „Wir sollten ein paar Hunde kaufen, irgendwelche ausgefallenen Rassen, als Wachhunde und als Attraktion."
„Und die Jungen könnten wir an nette Leute verkaufen", meinte Max.
„Und wir brauchen Ziegen", sagte Mandy. „Eine ganze Herde Ziegen."
„Und eine Kinderecke", kam es von Andy.
„Und Extra-Eintritt für die viktorianische Küche", meinte Max.
„Ihr braucht einen zahmen Elefanten, glaube ich. Komm, Emma, es ist Zeit", sagte Mr. Whittington.
„Ich glaube, es reicht schon, wenn hier noch ein paar seltene Zwerghühner rumlaufen. Tiere gehören nicht in den Käfig", sagte Mam.
Und dann waren sie allein, ohne Simon und Gypsy. Andy wußte nun, daß alles weitergehen würde, daß ihr Tierzentrum wachsen und die Zahl der Besucher zunehmen würde. „Aber was auch geschehen wird", dachte sie, „die Tiere kommen bei uns immer zuerst, und darauf kommt es an."